Renate Schinze

Meine Oma und ich und die Quantenphysik

Perspektiven einer Verschränkung von Physik und Alltag

Impressum

Bibliografische Information der Deutschen Nationalbibliothek:
Die Deutsche Nationalbibliothek verzeichnet diese Publikation in der Deutschen Nationalbibliografie; detaillierte bibliografische Daten sind im Internet über http://dnb.dnb.de abrufbar.

© 2021 Renate Schinze / Herausgeberin: Ursula Kessel

Lektorat: Ursula Kessel
Titelbild: Ilias Schinze, Gestaltung: Ursula Kessel

Herstellung und Verlag: BoD – Books on Demand, Norderstedt

ISBN: 978-3-7557-0206-1

Gewidmet ist dies Buch

meinem Enkel Ilias und seinen Eltern,

die mir die Möglichkeit gegeben haben,

all diese kleinen Begebenheiten zu erleben

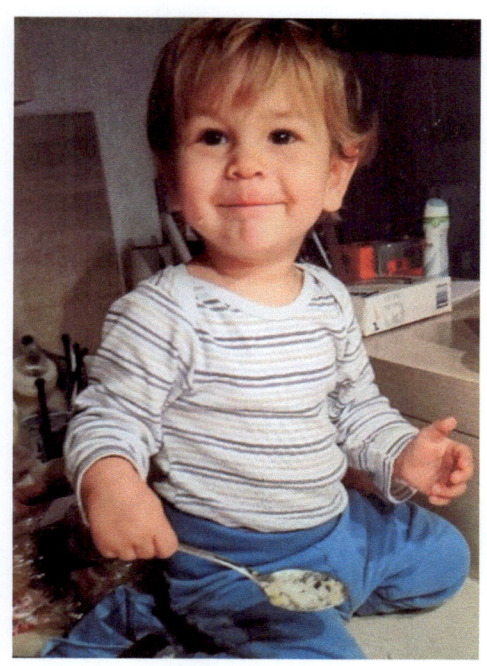

„Spukhafte Fernwirkung"

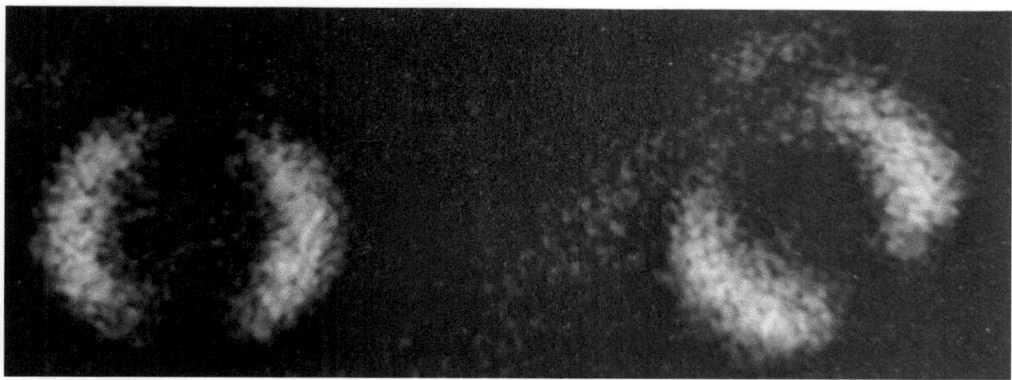

Verschränkung

Gekoppeltes Licht: Im Jahr 2019 haben Physiker um Paul-Antoine Moreau von der University of Glasgow erstmals das quantenphysikalische Phänomen der Verschränkung direkt sichtbar gemacht. Ihre Apparatur fotografierte die in einem Flüssigkristall verbandelten Photonenpaare nur dann, wenn sie beide Exemplare der „Zwillinge" registrierte. Die einander gegenüberstehenden sichelartigen Abbildungen zeigen die schraubig verdrehten Phasen der verschränkten Photonen, wobei die Filtereinstellung um 45° gedreht wurde. Die Helligkeit entspricht den gezählten Photonen (weiße Stellen: bis zu 200).

Quelle:

Bild der Wissenschaft, Juli 2021, Seite 33

Inhaltsverzeichnis

I

Vorwort

Oma-Sein

Oma-Sein ist etwas völlig anderes als Mama-Sein. Was für eine Erkenntnis! Banal, denkt man im ersten Augenblick. Doch für mich mit vielen neuen Konstellationen und Erkenntnissen verbunden.

Zeit - ich habe viel mehr davon. Als Mutter immer auf Trab. Beruf, Karriere, Haushalt, Kinder usf. Habe ich wirklich Zeit gehabt, mit meinen Kindern zu spielen? Hatte ich wirklich Lust, 3x pro Nacht die Brust oder das Fläschchen zu geben? Ich war wirklich froh, als die Kleinen die Nacht durchgeschlafen haben.

Zeit - hatte ich diese, um all die kleinen Anekdoten aufzuschreiben, die den Alltag so versüßten und die man unbedingt behalten wollte und doch vergessen hat?

Zeit - wirklich lange Spaziergänge zu machen, Stunden auf Spielplätzen zu verbringen, jeden Schmetterling, jeden Vogel zu betrachten und zu würdigen?

Zeit - dem Plätschern des Baches zuzuhören, Steine hineinzuwerfen oder ein Blatt und dessen Weg zu verfolgen, bis es irgendwo hängengeblieben ist?

Zeit - geduldig zu warten, bis die kleinen Beinchen es geschafft haben, endlich die Stufen der Rutsche hinaufzuklettern und oben ein strahlendes Lächeln des Kleinen zu ernten?

Zeit - sie wird für mich belanglos, ist praktisch weg. Es ist völlig egal, wie lange ich den kleinen Enkel in der Nacht auf dem Arm tragen muss, bis er wieder einschläft.

Zeit - endlos lange Grün zu gucken, im Frühjahr, wenn der Wald so wundervolle Grüns hervorbringt und wir sie morgens um Sechs schon betrachten.

Zeit - die Stehlampe am Bett immer wieder an- und auszuschalten. Endlos lange.

Zeit - den Kleinen in der Fröschlistellung ruhen zu lassen. Bauch an Bauch, seinen Kopf an meinem Kinn, das Ohr auf meiner Brust auf der Seite, wo mein Herz schlägt.

Danke, dass ich das erleben durfte.

Nein, Zeit für meine Kinder hatte ich nicht so viel. Sie waren da und wurden irgendwie in den Alltag integriert. Wie wir Mütter das geschafft haben, weiß ich bis heute nicht. Kindergarten war erst ab Drei oder wenn sie nicht mehr die Pampers vollgemacht haben. Meine Kinder hatten keine Lust dazu, sauber zu werden, und ich keine Geduld, und so war dies Kapitel erst mit Vier erledigt.

Da hat man nun zwei Söhne und was machen sie mit ihren Freundinnen, nachdem sie der Mutter vorgestellt wurden? Sie nehmen sich das Bilderalbum, das die Großmutter angelegt hat, heraus und zeigen ihrer Freundin voller Stolz, was sie für tolle Kinder waren und welche Sprüche sie alle zum Besten gegeben haben. Ein Album, zusammengestellt von der Oma, die irgendwie die Zeit dazu gefunden hat, all die Geschichten aufzuschreiben.

Und so hatte ich die Idee, all die Augenblicke zu sammeln, aufzuschreiben und meinem Enkel die Möglichkeit zu geben, sich ein Bild von den ersten Jahren seines Lebens zu machen.

Oma, wie war das eigentlich?

Die ersten beiden Jahre. Kommunikation auch ohne Worte. Verstehen. Verstehen, ob Hunger, Durst oder Bauchweh die Ursache seines Weinens sind. Augen, ein Anschauen, blindes Verstehen. Wie kommt das zustande?

Spiegelneuronen, Nachahmung, darüber ist viel geschrieben worden. Und doch lassen sich viele Dinge nicht durch wissenschaftliche Thesen und Statements erklären. Da muss es noch etwas anderes geben. Etwas, das nicht in unser wissenschaftlich determiniertes Weltbild passt. Hat es etwas mit Quantenphysik zu tun? Mit spontanem Erkennen?

Nicht nur das Prinzip Ursache – Wirkung und das dahinterstehende mechanistische Weltbild?

Darüber möchte ich auch schreiben. Später.

Ein bisschen Quantenphysik, als Einstieg, zum Nachdenken und zum Erkennen von Zusammenhängen, die nicht mit dem reinen Verstand zu erklären sind.

Und noch einen Grund gibt es für dieses Buch. Vielleicht nehmen Sie es als Anregung, sich hinzusetzen und all die Geschichten, so wie Sie sie mit ihren Enkeln erlebt haben aufzuschreiben. Tun Sie es. Es macht riesig Spaß.

Noch ein kleiner Ratschlag: machen Sie es nicht später, machen Sie es sofort. Fangen Sie einfach an.

Hallo, willkommen, Sie halten ein seltsames Buch in Ihren Händen. Das ist ein Glück!

Lassen Sie mich raten: vermutlich sind Sie weiblich, selbst Oma und haben vielleicht das Buch geschenkt bekommen? Oder Sie sind Eltern und möchten das Buch verschenken und erst einmal selbst sehen, worum es sich hier eigentlich handelt?

Sie liegen nicht ganz falsch, wenn Sie denken, dass es sich um ein Buch handelt, aus dem Sie hübsche Geschichten vorlesen können. Das stimmt auch. Aber mit diesem kleinen Buch halten Sie noch viel mehr in Ihren Händen.

Es ist ein Geschichtenbuch, denn es erzählt aus der Perspektive eines kleinen Jungen seine Erlebnisse in den ersten Lebensjahren – Ja! – Erlebnisse, die ein Kind im ersten Lebensjahr so zum Beispiel überhaupt noch nicht wahrnehmen und erzählen könnte. Es ist meiner Freundin Renate Schinze, die selbst begeisterte Oma ist, gelungen, eine Sprache zu finden, die wirklich aus der Perspektive eines Kindes zu kommen scheint und gleichermaßen vermitteln kann, was „dahinter steckt". Ihre sehr direkte Verbindung mit dem Kleinkind ist von vorn herein erkennbar, und ich habe noch nirgendwo etwas gelesen, was einer Darstellung dieser Perspektiv-Verlagerung auch nur annähernd nahekommt.

Es ist ein besonderes Buch, weil es ein Kleinkind von der Geburt bis zur ersten Wahrnehmung von Bewusstsein begleitet. Es begleitet die Wahrnehmung von

Familie und Umwelt in einem sehr weiten Sinn, denn es folgt der Erweiterung der sinnlichen Welt des Kindes und bringt seine Welt zur Sprache.

Es ist auch ein Generationenbuch, denn es geht eben auch darum, wie das Kind Familie erlebt, also auch Nähe und Ferne zwischen den verschiedenen Familienmitgliedern, und das Zusammenwachsen der Familie (inklusive Hund) im Kind wird deutlich.

Es ist aber auch, und darin steckt eine große Aktualität, ein Migrationsbuch, denn eine der beiden Familien ist griechischer Herkunft. Darin steckt eine große Portion Humor gepaart mit schönsten Informationen über unterschiedliche Traditionen, die durchaus für Missverständnisse sorgen, aber genauso gut das Leben aller bereichern können. Etwas schwierig scheint es zuerst, die Personen zuzuordnen, denn die kindlichen Bezeichnungen folgen den sprachlichen Fähigkeiten: wer ist denn Oma Jaja eigentlich? Oma Renate oder Oma Vasso oder ist das noch wer? Aber das klärt sich mit der Zeit. Und wer denn nun welche Cousine oder kindliche Freundin ist, spielt keine gar zu große Rolle – wie es eben in dem frühen Alter manchmal so ist. Hauptsache, Mama und Papa und Oma sind da.

Es ist aber keines der üblichen Ratgeber-Bücher, keines der Bücher mit erhobenem Zeigefinger oder den Ratschlägen nach dem Motto: „Wenn du Probleme hast: ich sag' dir schon, wie du es richtig machen musst."

Es ist aber obendrein ein Buch, das mit ein paar sehr interessanten Begriffen der Quantenphysik bekannt machen will und auch kann. Es ist nicht nötig, dazu besondere Vorkenntnisse zu haben oder Lust oder in der Schule in Physik besonders gut gewesen zu sein. Nein, es genügt, sich einfach überraschen zu lassen, wie es möglich sein kann, dass die meist so fremde und schwierige Quantenphysik vielleicht doch im ganz normalen Leben von uns normalen Menschen wirkt.

Das ist es, was meine Freundin Renate Schinze seit ein paar Jahren umtreibt: sie ist eigentlich Profisportlerin, Wintersport (!) und hat Physik studiert und kann deshalb natürlich problemlos das berühmte Beispiel erklären, warum in der Quantenphysik ein Skifahrer gleichzeitig rechts und links an einem Baum vorbeifahren kann. Ihr zweites Enkelkind ist ihr gewissermaßen in physikalischer Verschränkung ans Herz gewachsen.

Das verstehen Sie nicht? Dann müssen Sie unbedingt jetzt das Buch lesen.

Ich wünsche Ihnen viel Vergnügen, erstaunliche Erkenntnisse und vielleicht auch das eine oder andere Déjà-vu aus Ihrem eigenen Leben mit Ihren Enkelkindern.

Der Beginn
Ungeduld

Papa und Mama bekommen ihr erstes Kind.

Bin schon ein bisschen spät dran, weil ich doch ein Halbgrieche bin und es ja mit der Pünktlichkeit nicht so genau nehme. Außerdem liege ich in Steißlage in Mamas Bauch, und das ist für die Geburt ungünstig. Da der erste Mai bevorsteht und noch dazu ein Samstag ist, meinen die Ärzte, dass sie mich am 30. April holen wollen. Am Wochenende arbeitet dann im Krankenhaus nicht die volle Besetzung, und bei Steißlage ist das nicht so einfach. Sie wollen offensichtlich nicht warten, bis ich mich richtig hingelegt habe. Mama ist nervös und meint, sie sollen mich holen. Was bedeutet das denn? Also wird meine Geburt eingeleitet, ist ja auch viel bequemer für mich. Oma meint zwar, durch Kaiserschnitt fehlten mir die ganzen Infekt-abwehrenden Bakterien, die im Geburtskanal lauern, egal, nun bin ich erst mal da.

Man, ist das anstrengend. Anscheinend muss ich aus dieser Wasserhöhle raus. Über mir ist alles so hell. Jemand hebt mich raus und ich erkenne rein gar nichts. Aha, da kommt jemand näher. Schau rechts, schau links, man ist das schwierig. Da mach ich doch erst mal die Augen zu und penne ein kleines Weilchen. Irgendetwas rührt sich in mir, da stelle ich doch erst mal die Sirene an. Welcher Nippel wird mir denn da gereicht? Schnapp, hmmm schmeckt lecker. Meine erste Mahlzeit, und dann wieder pennen. Hose voll. Saugen, essen, schlafen, Kaka – alle zwei Stunden. Schließlich kann ich nur immer 10 ml Flüssigkeit zu mir nehmen und die riecht wie mein Wasserbad, in dem ich bis jetzt geschwommen bin. Und dann Kuscheln bei Mama. Papa ist natürlich auch da. Bei dem passe ich gerade mal auf eine Hand, so groß ist die. Und dann die vielen Leute andauernd. Wer ist denn das alles? Jeder will mich mal umher schleppen, macht komische Grimassen. Aber ich schlafe lieber.

Schon am 4. Juni besuchen wir Oma in Willingen. Oma ist erstaunt, weil früher die kleinen Babys erstmal die ersten acht Wochen nicht vor die Tür durften. Aber Mama und Papa brauchen auch mal Schlaf und so sind wir alle nach Willingen gereist. Die Fahrt war gut. Ich schlafe ganz fest in meinem Maxi Cosi. Autofahren ist schön. Jetzt verbringe ich die Nächte bei Oma Renate. Nachts noch ein Fläschchen, das habe ich in fünfzehn Minuten leergetrunken, Rücken klopfen mit Omas Händchen, Bäuerchen und schon schlafe ich wieder in meinem Reisebettchen. Morgens um Sechs bin ich aber dann doch hellwach. Noch ein Fläschchen von Oma, weil in Omas Brust natürlich keine Milch mehr ist. Dann nimmt sie mich auf den Arm und wir gucken „Grün". Der Ohrenberg, den man aus Omas Küchenfenster sehen kann, ist so schön mit frischem Grün an den Bäumen bedeckt. Aber wir gucken auch „Rot" an der schönen roten Zudecke in meinem Bettchen. Oma weiß, was so ein kleiner Erdenbürger wie ich schon alles erkennen kann. Wenn ich dann wieder müde werden soll, macht sie immer ihre beiden Augen zu und redet lololum, sprechen kann Oma schon ganz gut. Als Belohnung bekommt sie ein helles Quietschen von mir. Manchmal klappt das dann mit dem Schlafen - bei ihr. Nene, meist schlafen wir beide ein, ich in der Fröschlistellung, also ich auf ihrem Bauch und Busen und sie auf dem Rücken liegend. Mein Köpfchen liegt auf ihrem Herzen und das ist wie in Mamas Bauch.

Jetzt bin ich schon zwei Monate alt und mein hochempfindliches Nervensystem kriegt natürlich alles mit. Heute ist Schwimmen angesagt. Das fühlt sich ja fast so an wie im Bauch meiner Mama. Und nach dem Schwimmen massiert mich Mama immer. Da schenke ich ihr doch gleich mal mein schönstes Lächeln.

Und da ist manchmal noch jemand. Die macht auch immer so komische Grimassen und wenn ich die dann nachmache, dann lächelt sie immer. Und meine Fingerchen halten sie ganz fest. Möchte sie gar nicht mehr loslassen. Und auf ihrem Bauch ist es so gemütlich, wie in dem Wasserbauch.

Da schütte ich doch gleich mal Oxytozin aus, das ist ein Glückshormon. Ja Glück, das haben alle mit mir.

Die psychische und physische Entwicklung des Kindes.

Über die körperliche und psychische Entwicklung eines Kindes gibt es unzählige Bücher. Daher soll hier nur kurz darauf eingegangen werden.

Bei der Geburt ist ein Baby kurzsichtig und sieht sein Gegenüber sozusagen mit beiden Augen einzeln, es sieht z.B. die Mama also zwei mal und kann noch nicht Farben unterscheiden. Das kommt daher, dass die Nervenzellen noch nicht mit dem Gehirn verbunden sind. Was gut funktioniert ist der Saugreflex, die Brust riecht ungefähr wie das Fruchtwasser, und so kann das Baby etwa alle zwei Stunden ca. 10ml Flüssigkeit zu sich nehmen.

Schlafen, essen und gewickelt zu werden ist für die Kleinen mit Anstrengung verbunden und so schlafen Babys verhältnismäßig viel. Mit seinem Greifreflex kann das Baby jetzt schon sein eigenes Körpergewicht halten. Im zweiten Monat hat sich das hochempfindliche Nervensystem schon sehr weit entwickelt. Beim Schwimmen, durch Massage und Lächeln erfährt es schon Gefühle, und sein Grundbedürfnis nach sozialer Bindung wird meist durch die Zuwendung der Eltern befriedigt.

Aber auch das Kind ist bei dem Aufbau dieses Bindungsverhaltens aktiv und kann die Initiative bei der Bildung von Bindung ergreifen. Dazu bedarf es einer feinfühligen Beziehung. Nicht das, was die Bindungsperson, also in der Regel die Eltern, aber auch die Oma, der Opa oder andere Personen gerne möchten, steht hier im Vordergrund, sondern das Verhalten des Kindes.

Dazu schreibt Frau Prof. Dr. Fabienne Becker Stoll

(http://www.familienhandbuch.de/babys-kinder/entwicklung/saeugling/bindung/BindungsentwicklungundfruehkindlicheBil-dung.) 24.10.2017

Die Erkenntnisse der Hirnforschung zur Entwicklung des frühkindlichen Gehirns lassen sich in vier Aussagen zusammenfassen:

1. Das frühkindliche Gehirn wird auch auf der Ebene der Molekularstruktur, der Entstehung von Synapsen und des Aufbaus der Vernetzungen viel stärker durch Umwelteinflüsse, insbesondere durch Erfahrungen mit den primären Bezugspersonen, beeinflusst als bisher gedacht. Die Annahme, das Gehirn, seine Entwicklung auf struktureller Ebene und seine Leistungsfähigkeit seien im Wesentlichen genetisch bestimmt, muss heute revidiert werden. Es sind nicht die Gene, sondern die Erfahrungen, die das Kind vorgeburtlich und in den ersten fünf Lebensjahren mit seiner unmittelbaren sozialen Umwelt – seinen wichtigsten Bezugspersonen – macht, die über die spätere Leistungsfähigkeit des Gehirnes entscheiden.

2. Damit sich im Gehirn neue Strukturen und Vernetzungen entwickeln können, bedarf es eines gleichzeitigen Zusammenwirkens dreier Bereiche: Sinnes- und Bewegungszentren im Neocortex, Limbisches System – Emotionszentrum und präfrontaler Cortex. Nur die gleichzeitige Stimulation dieser drei Areale führt zum Aufbau neuer Strukturen, die auch nachhaltig sind. Diese optimale Stimulation erfährt das frühkindliche Gehirn am besten in der liebevollen Interaktion mit seiner Hauptbezugsperson, weil dabei – eingebettet in eine emotional bedeutsame Beziehung – visuelle, auditive,

taktile Reize mit dem Limbischen System und dem präfrontalen Cortex vernetzt werden. Durch Fernsehen oder Videos werden Babys nicht klüger, weil sie bei einer solchen Reizdarbietung keine Stimulation des emotionalen Zentrums, des Limbischen Systems, erleben. Dabei findet keine gleichzeitige Aktivierung verschiedener zentraler Areale, sondern nur eine visuelle und auditive Stimulation ohne emotionale Einbettung statt.

3. Frühkindliches Lernen findet dann statt, wenn die Aktivität vom Kind ausgeht und es selbst erkundet, handelt, begreift, erfährt – mit möglichst vielen Sinnen und in emotionaler Sicherheit. Das frühkindliche Gehirn ist für aktives Erkunden und Lernen geschaffen. Jedes vom Kind ausgehende aktive Erkunden, Lernen, Begreifen, Verstehen wird durch „Belohnungsmechanismen" unterstützt. Mit jeder Erkenntnis erfährt das Kind eine intrinsische Beglückung, sodass es immer weiter verstehen und lernen möchte. Dieser Belohnungsmechanismus funktioniert jedoch nur bei selbst initiiertem Lernen. Frühkindliches Lernen unterscheidet sich von erwachsenem Lernen, indem es ausschließlich von der unmittelbaren eigenen Erfahrung, der eigenen Aktivität abhängt. Heranwachsende und Erwachsene können auch aus Erklärungen und Informations- oder Wissensvermittlung im herkömmlichen Sinne lernen.

4. Die emotionale Sicherheit ist umso bedeutsamer, je jünger ein Kind ist. Sie ist Voraussetzung dafür, dass das Kind sich mit seiner Umwelt aktiv auseinandersetzen kann und Grundlage jedes Lernens. Kinder lernen in und durch die Beziehung zu ihren primären Bezugspersonen. Auch die angeborenen Spiegelneurone des Säuglings können sich nur dann entfalten, wenn sie durch soziale Interaktion mit den Bezugspersonen stimuliert werden.

Soweit die Erkenntnisse der Hirnforschung.

Aber weder die Stimulation der Spiegelneurone noch der Trieb zum Nachahmen reichen aus, um zu erklären, wie ein z.B. 14 Monate altes Kind eine Situation erfasst und darauf reagiert.

Es stellt sich, will man der Sache wirklich auf den Grund gehen, die Frage, was sind z.B. visuelle Reize? Diese interessieren mich ganz besonders, da sie etwas mit Licht zu tun haben. Berühren und Hören laufen einerseits über den Körper beziehungsweise über das Gehör ab und da erscheint mir die Erklärung mit Hilfe eines Reiz- Reaktionsschema einleuchtend. Zeige ich auf einen Ball und wiederhole das Wort und die Aktion mehrmals, so wird das Kind über diesen visuellen und auditiven Reiz erkennen, dass der Gegenstand „Ball" genannt wird. Es ist ein Ursache-Wirkung-Zusammenhang. Ein visueller Kontakt, sprich eine Aktion, bei der ich dem Kind nur in die Augen sehe und es versteht, so dass dann die „Sternchen" bzw. das Leuchten in seinen Augen erscheint, ist nicht so leicht erklärbar. Dazu später noch einige Überlegungen zum Thema „Verschränkung".

Was passiert eigentlich, wenn die Aktivität hauptsächlich vom Kind ausgeht, die Situation für dieses Kind absolut neu ist und noch keinerlei Erfahrung mit solch einer Situation vorliegt? Eine weitere Frage ist, wie verstehe ich als erwachsene Bezugsperson, was das Kind wirklich will? Lesen Sie unbedingt dazu die Geschichte: Oma ist verabredet.

Basis dieser Geschichte ist eine sehr innige Beziehung zwischen Ilias und mir. Liebe, Vertrauen, Wärme, Geborgenheit, Verbundenheit bauen sich auf und schaffen die Grundlage für das, was zwischen uns entsteht.

Irgendetwas ist heute anders! Die Oma hat sich chic gemacht. Ich bin jetzt 14 Monate alt und merke genau, wenn etwas anders ist als sonst. Sie ist gestern gekommen und wir waren wie immer ein Herz und eine Seele – aber heute? Ich glaube, sie will weg – da muss ich doch erst mal meinen Anspruch anmelden und lange ganz ruhig sitzen auf ihrem Schoß. Ich hab's gewusst! Sie ist lange nicht so ruhig und gelassen wie sonst. Setzt mich doch einfach wieder auf den Boden. Also – Ärmchen hoch, ein kleiner Schreier?? Es klappt! Sie nimmt mich wieder hoch und geht mit mir in die Küche. Was will sie denn da? Ach so - Mama und Papa sollen helfen – aber die sind zum Glück beschäftigt mit dem Bett von Jessy, unserem Hund – sie ist inkontinent. Ist ja auch schon 15 Jahre alt, mal sieben macht in Menschenalter 105 Jahre.

Also zweiter Versuch - Oma tut so, als müsse sie aufs Klo, das geht natürlich gar nicht. Also laufe ich mal hinter ihr her –Ärmchen hoch?? Es klappt. Sie nimmt mich hoch- ein bisschen drücken – na also. Oma setzt sich wieder auf das Sofa, mit mir auf dem Schoss. Um viertel vor Sieben will sie fahren. Oh je, es wird ernst – sie zieht sich die high heels an; wusste ich doch, sie hat ein date. Schon muss ich protestieren und reiche ihr erst mal die Fernbedienung. Spielchen: danke, ich gebe sie ihr - bitte, sie gibt sie mir zurück. Wird knapp mit ihrer Zeit und der Typ, mit dem sie verabredet ist, achtet sehr auf Pünktlichkeit. Dritter Versuch: „Jula, nimm du doch mal den Kleinen". Aber Papa und Mama sind immer noch beschäftigt mit dem Hundebett – ein Glück. Sie sind Oma wirklich keine Hilfe. Vierter Versuch: Oma nimmt mich mit ins Badezimmer, meinen Lieblingsort, weil man da am Bidet das Wasser immer so schön an- und ausmachen kann. Was will sie da denn? Sie ist doch schon geschminkt wie ein Weihnachtsbaum! Will sie mich einfach absetzten? Heute nicht – Ärmchen hoch, na klappt doch! Fünfter Versuch: Sie reicht mir den Fön – mein absolutes Lieblingsspielzeug, wegen der vielen Knöpfchen, die ich drücken kann, und weil der so schön Wind macht. Knöpfchen an, Knöpfchen aus – und noch mal Knöpfchen an, Knöpfchen aus. So, ich glaube, Oma hat's eingesehen, dass es besser ist, zu Hause zu bleiben. Oh je, sie verlässt das Badezimmer. Sie will mich doch nicht überlisten? Da muss ich schnell mal hinterher – das war aber flink von ihr, sie ist schon an der Haustür. Gerade noch am Bein erwischt – Ärmchen hoch – auf ihrem Arm ist es ja immer noch am schönsten. Aah, sie setzt sich wieder auf das Sofa. „Eric, nimm du doch mal den Kleinen!" Aber Eric ist immer noch beschäftigt mit dem sauigen Hundekörbchen. Zwanzig vor sieben, so langsam wird die Zeit knapp. „Ich muss jetzt wirklich gehen!" Ist da schon Verzweiflung in ihrer Stimme? Oh je, ich fürchte, Ärmchen hoch reicht jetzt nicht mehr! Also stelle ich doch mal die Sirene an – laut, nicht genug? Lauter. „Du musst einfach gehen!", meint Mama. Sie hat gut reden! Hat ja auch schon Übung darin, schließlich hat sie vier Wochen Eingewöhnungszeit in der Kinderkrippe hinter sich. Wenigstens kommen Mama und Papa doch mal vom Balkon herbei und setzen sich aufs Sofa. Und was passiert jetzt? Na gut, dann zu Mama auf den Arm. Omas frisch gebügelte Bluse sieht wirklich nicht mehr gut aus. Warum ist die denn so knautschig und hat Wasserflecken? Will sie die nicht noch bügeln? Wo doch der Typ, mit dem sie da ausgeht, so pingelig ist. Und die Fingernägel sind auch noch nicht lackiert, obwohl der Nagellack schon den ganzen Nachmittag da rumsteht. Ob das mal gut geht mit der Verabredung? Aber so geht das wirklich nicht – mich besuchen und dann ausgehen. Lieber noch mal die Sirene etwas lauter stellen, damit sie mich im Treppenhaus auch noch hört. Na ja, ich muss wohl zu Hause bleiben; also gut, Sirene aus. Wo ist denn eigentlich mein Spielzeug? Dann mache ich Mama und Papa eben etwas Stress. Hab keine Lust ins Bett zu gehen. Wenigstens das klappt, darf bis halb zehn aufbleiben.

Am nächsten Morgen ist die Oma zum Glück wieder da. Sie hört wirklich sofort, dass ich aufgewacht bin. Da brauche ich gar nicht die Sirene anzustellen, beim kleinsten Tönchen hebt sie mich schon aus dem Bett und nimmt mich mit auf ihr Schlafsofa. Dafür bekommt sie von mir auch die Fröschlistellung, Liegen auf ihrem Bauch, Arme um ihren Hals – oh, es ist wunderbar, da liege ich doch mal ganz still und sinnlich. Und überhaupt, wir beide in ihrem Sofabett; wir können so gut miteinander spielen. Sie hat aber auch immer neue Ideen: Lampe an, Lampe aus, ich kann nicht nur die Knöpfchen drücken, sondern auch schon drehen. „Wo ist das Licht, Ilias?" „Daaa." Und Kuscheln – zwischendurch. Gestern Abend ist noch nicht vergessen, muss meinen Tank erst mal wieder auffüllen. Und dann das Spiel mit der Klappklapp. Das ist Omas Brillenetui – das kann man aufklappen (Schnuller rein) und zu, und ich darf es dann wieder aufklappen und freu mich, wenn der Schnuller drin ist. Außerdem ist das laute Klappklapp das Signal für Mama und Papa, endlich aufzustehen. Sie wundern sich schon heute Morgen, woher ich wusste, dass die Oma weg wollte. Normalerweise mache ich doch auch kein Theater, wenn Oma mal zum Klo geht! Aber Oma und ich wissen, dass das mit der Quantenphysik zusammenhängt. Verschränkung – das funktioniert doch schon immer zwischen uns!

Heute Abend wollen Mama und Papa ins Kino – toll, mit Oma allein zu Haus! Nur für mich – ist aber auch notwendig, nach dem gestrigen Stress.

Mit Oma kann man immer sooo schön spielen. Sie sagt nie, was wir spielen sollen. Immer darf ich aussuchen. Mal spielen wir mit playmobil; die Polizei fängt den Räuber. Mit Einsperren im Auto und so, mal spielen wir mit dem Bauernhof. Oder mit dem Kaufladen. Sie kauft immer ganz viel ein. Und dann gibt es noch die Küche, mit Töpfen, Eierbechern, Plastikgläsern, Tellern und Tassen. Das dauert immer ganz lange, weil Oma und ich viel Geduld miteinander haben. Und nun will sie mit mir baden. Das ist auch toll, Wasser und ich, das passt immer. Aber am liebsten lauf ich nackig rum. Und Oma hat so viel Spaß. Und das Abendessen erst. Bei ihr darf ich den Käse ohne Brot essen, darf ich bei Mama vorerst mal recht selten. Später wird sich das ändern, weil sie dann froh ist, dass ich überhaupt was esse. Und dann noch mein Fläschchen auf Omas Arm. Da mach ich doch gleich mal die Sternchen in meinen Augen an. Das war aber auch so ein schöner Tag. Bin so müde. Oma auch. Sie sitzt an meinem Bettchen, macht die Augen langsam zu, ein bisschen wieder auf. Ich bin schon im Bett und, man kann es gar nicht glauben, schlafe in der Hocke, mit den Händchen am Gitter ein. Sie hat es gar nicht gemerkt.

Hier kann nicht davon ausgegangen werden, dass aktives Erkunden, Begreifen und Verstehen in irgendeiner Weise durch einen Belohnungsmechanismus gestützt wurden. Im Gegenteil, Belohnung war hier ganz und gar nicht angesagt. Erfahrung war auch nicht im Spiel, da diese oder eine ähnliche Situation vorher noch nie erlebt wurden. Und doch „ahnte" der Kleine, dass etwas anders war als sonst.

Richtig ist, dass zwischen Enkel und Oma eine emotional bedeutsame Beziehung eine Rolle spielt. Diese wurde durch einen etwa alle vierzehn Tage stattfindenden Besuch über zwei bis drei Tage gefestigt und schon im Babyalter aufgenommen. Dadurch entstand ein blindes Verstehen. Und gerade deshalb stellt sich die Frage, auf welcher Basis dieses Einander Verstehen, und zwar in beide Richtungen, zustande gekommen ist. Besonders das durch das Kleinkind selbst initiierte Verhalten erklärt sich nicht allein durch das gleichzeitige Anregen der oben genannten drei Areale des Gehirns. Woher wusste der Kleine, dass Oma heute keine Zeit für ihn haben würde, und wie kam er auf all die Ideen, genau das zu verhindern?

Mit Hilfe eines Experiments, das zu diesem Thema gemacht wurde, wird dieser Sachverhalt nochmals besonders deutlich. Eine Frau, die ihr neugeborenes Kind, gerade mal zehn Minuten alt, auf dem Arm hält, sodass sie ihm in die Augen schauen kann, streckt diesem Kind die Zunge heraus. Mehrmals wiederholt sie diesen Vorgang, und siehe da, auch das Kind imitiert diese Mundbewegung. Man könnte jetzt erklären, dass die Spiegelneuronen am Werk sind. Doch hat man festgestellt, dass ein Kind von gerade mal 10 Minuten sein Gegenüber nur sehr verschwommen wahrnimmt. Gesichtskonturen und Bewegungen des Mundes sind für das Kind nicht zu erkennen. Und doch macht es dieselbe Bewegung wie die Bezugsperson.

Ist dies die Verschränkung, die nicht nur im Molekularbereich, sondern auch zwischen innig verbundenen Menschen stattfindet? Ohne Zeitverzögerung – ohne Worte – sie findet einfach statt.

Geschichten aus dem ersten Lebensjahr

Sinn und Zweck Delphi 31.6.2016

Meine Familie, ich sagte es ja schon, ist großartig. Da sind Uroma (Panagi-otta), Opa Louis, Oma Vasso (Oma Jaja), Onkel Petro und Mama, alles Griechen. Und dann sind da Oma Renate, Onkel Ingolf und Papa Lars-Eric. Sie sind deutsch. Aber niemand ist eigentlich deutscher als die drei Griechinnen. Sie sind ständig zweckrati-onal unterwegs, sagt Oma Renate, wie Apoll. Habe ich euch eigentlich schon erzählt von dem tollen griechischen Gott, der angeblich in Delphi wohnt? Oma Renate hat ihn neulich besucht – stellt euch vor, sie ist wirklich nach Delphi gereist. Gesehen hat sie ihn aber nicht, nur seinen fast zusammengestürzten Tempel, von dem nur ein paar Säulen übrig sind. Oma sagt, dort haben ihn meine Vorfahren, damals vor nicht vorstellbarer Zeit, so ungefähr 2000 Jahren, verehrt. Gesehen haben die alten Leute ihn auch nicht, aber er soll sehr schön gewesen sein, jünglingshaft?? Was ist denn das? Mit Pfeil und Bogen konnte er schießen, trefflich, sagt Oma Renate, aber ich bin zu klein, um das zu verstehen. Die Leier hat er auch gespielt. Mein Onkel In-golf sagt auch immer: „Diese alte Leier kenn ich schon!" Was das nun schon wieder bedeutet? Kennt der etwa alte griechische Lieder?

Gestern konnte ich nicht schlafen und Oma hat mir die Geschichte von Del-phi erzählt und die geht so: Die Leute wollten ja schon immer wissen, wie die Zu-kunft aussieht, und damit die gut aussieht, muss man natürlich schon jetzt eine prima Entscheidung treffen. Und weil sich die Leute nicht auf sich selbst verlassen wollten, sind sie zum Orakel von Delphi marschiert. Da lebten nicht nur die beiden

Götter Apoll und Dionysos, sondern auch eine Wahrsagerin, die man fragen konnte. Das war aber nicht so einfach, dass man sagen konnte, hallo, hier bin ich, sag mal, was ich tun soll, nee, nee, man musste sich erst an einer Quelle reinigen, weil dreckig und schwitzig von der langen Reise konnte man nicht in das Heiligtum. Dann musste man sich anmelden bei einer Priesterin, und dann ging es natürlich nicht ohne Bestechung. Schließlich wollte man ja was Gutes von ihr hören! Und ohne Übersetzer ging ja gar nichts, weil die Priesterin auf einem Hocker saß und irgendso ein Zeug rauchte, die Dämpfe aus dem Erdinneren einatmete und dann nur wirres Zeug von sich gab. Das haben dann die Priester übersetzt. Aber diese Phythia, so hieß die Priesterin, glaube ich, war ganz schön schlau. Sie sagte nie etwas ganz genau. Letztendlich musste man selbst entscheiden, was die Worte zu bedeutet haben, also, ich gebe euch mal ein Beispiel.

Auch früher haben die Menschen schon gekämpft. Herodot, ein griechischer Geschichtsschreiber, berichtet, dass sich der Lyderkönig Krösus (590 v. Chr. – 541 v. Chr.) bedroht fühlte, nachdem Kyros II, so hieß ein Perserkönig, 550 v. Chr. das Lydien benachbarte Reich der Meder erobert und weitere erfolgreiche Feldzüge durchgeführt hatte. Gleichzeitig wollte er sich aber auch für den Sturz seines Schwagers Astyages an den Persern rächen und auf Kosten ihres neugegründeten Reiches sein eigenes lydisches Territorium vergrößern. Folglich befragte er das Orakel zu Delphi, ob dieser Feldzug gelingen würde. Das Orakel antwortete: „Wenn du den Halys überschreitest, wirst du ein großes Reich zerstören." Der Halys ist ein Fluss, den Krösus dann auch überschritten hat. Nach vielen Kämpfen und der Eroberung der Hauptstadt Sardes durch die Perser ging das große Reich Lydien unter. Welch ein Missverständnis. Es war sein eigenes Reich gemeint. Was aus dem Typen geworden ist? Da gibt es verschiedene Geschichten.

Manchmal passieren auch kleine Unglücke. Oma und ich sind beim Früh-stück. Ich mein dickes Fläschchen, sie ihr Brötchen. Sie hat mich schön neben sich auf den Küchenstuhl gelegt, in ein dickes Kissen gewickelt. Doch dann muss sie nochmal aufstehen, und in dem Augenblick bewege ich doch meine Beinchen und holterdiepolter falle ich vom Stuhl auf die Erde. Großes Geschrei von mir, furchtba-rer Schreck bei Oma. Die Angst steht ihr ins Gesicht geschrieben. Wenn Babys auf den Kopf fallen, gerät das ganze Innenleben des Kopfes ins Schwimmen. Zum Glück habe ich schon mein Fläschchen getrunken und Mama und Papa, die unten in der Ferienwohnung sind, können mein Geschrei nicht hören. Also was macht Oma? Sie packt mich in den Kinderwagen, schön dick eingemummelt in meine Decken, denn draußen ist es ein furchtbar dunkler, kalter Junitag, und fährt mich spazieren. Den ganzen Morgen, von halb neun bis mittags um zwölf. Ich schlafe, schlafe, schlafe. Mir ist nichts passiert. Mama und Papa hat sie nichts erzählt.

Spazieren

Spazierengehen ist Oma Renates Lieblingsbeschäftigung. Egal ob warm oder kalt, Sommer oder Winter. Das ist immer ein großer Aufwand. Schließlich wohnen wir im zweiten Stock. Jessy, unser großer Hund und mittlerweile 14 Jahre alt, muss auch immer mit. Treppab geht ja noch, das schafft die Jessy mit Oma, die mich auf dem Arm hat. Aber dann muss ja immer noch die große Notfalltasche mit, mit Windeln, etwas zu trinken usf. Oma sagt, sie braucht sie eigentlich nicht, aber Mama will sicher gehen, dass alles dabei ist. Und so schieben wir los. Zu Anfang muss ich immer Grün gucken, wie in Willingen auf Omas Arm, wenn sie mir den Ohrenberg zeigt. Und davon bin ich dann so müde, dass ich selig einschlafe. Aber Oma geht keineswegs nach Hause, sie gibt Mama mal die Gelegenheit, all das zu tun, wozu sie sonst keine Zeit hat, und außerdem sagt sie, Spazierengehen tut ihr selbst auch gut. Treppauf ist es dann schwieriger. Oma muss sich jedes Mal entscheiden, ob sie zuerst mich die Treppen hochträgt und dann in meinen Laufstall einsperrt oder erst Jessi die Treppen hochschiebt. Aber meist ruft sie Mama an, und die hilft ihr dann.

Griechisches Leben im Juni

Die gesamte griechische Familie ist in Opas griechischer Gaststätte in Bockenheim versammelt. So viele Griechen auf einem Fleck. Essen, Trinken und ganz viel reden auf Griechisch. Natürlich bin ich der Mittelpunkt dieser Versammlung. Jeder nimmt mich auf den Arm, macht Faxen, schleckt mich ab, trägt mich umher. Doch irgendwann bin ich auch mal müde. Aber einschlafen geht gar nicht. Alle Versuche, dieses Tohuwabohu auszuklinken, schlagen fehl. Endlich legt Mama mich in die Tragetasche, aber das geht auch nicht. Alle sind fröhlich am Essen und Trinken und ich soll schlafen. Endlich nimmt mich Oma auf den Arm, Köpfchen an ihrem Herzen – Wohlfühlphase. Schaue kurz nochmal in Omas Augen – alles o.k., Sternchen an, endlich Schlaf. Und dann muss Oma auch schon wieder die zwei Stunden lange Fahrt nach Willingen antreten. Ich aber kann viel, viel später mit Mama und Papa nach Mühlheim fahren und wache bis zum Mitternachtsfläschchen auch nicht mehr auf.

Kann kein Häufchen machen. Schon drei Tage nicht, Panik bei Mama und Papa. Mama hat jetzt die Oma herbeigerufen, als ob die wüsste, warum ich kein Häufchen machen kann. Und dann hab ich doch geschissen. Zweimal kräftig. Gut, dass die Oma da ist. Hab sie zuerst gar nicht erkannt. Aber dann ist es mir wieder eingefallen und schon waren wir ein Herz und eine Seele. Ist sie da, schlafe ich gleich viel länger und Mama und Papa auch. Alle drei in einem Bett, bis zehn Uhr morgens. Dann gibt es Frühstück, alle sitzen am Tisch und ich in meiner Wippe. Mama legt sehr viel Wert darauf, dass erst gefrühstückt wird, wenn alle da sind. Diese Wippe ist ein tolles Ding. Wenn ich die Beine bewege, schaukelt sie ganz doll. Das macht unheimlich Spaß. Mama muss dann in die Gaststätte von Opa, weil er krank ist und die Bedienung gekündigt hat. Papa will zum Sport, Schwangerschaftsspeck loswerden, hat er auch nötig. Also sind Oma und ich auf dem Balkon – chillen. „Besser chillen als stillen", meint Oma. Aber dann ist es mir doch irgendwann zu langweilig geworden, immer nur rumzuliegen, und wir sind zu Mama in die Gaststätte aufgebrochen. Dort angekommen, hat Oma mich mal wieder im Park spazieren gefahren. Das macht auch immer Spaß, denn Oma nimmt immer den Holperweg und je mehr es holpert, umso mehr habe ich meinen Spaß. Und immer wieder stelle ich die Sternchen in meinen Augen an, und dann verstehen Oma und ich uns prächtig. Auf der Rückfahrt war ich dann so müde, dass ich im Auto eingeschlafen bin. Weil Oma natürlich nicht wusste, wie man den Maxi Cosi im Auto entriegelt, hat sie mich aus dem Ding genommen und drei Stockwerke nach oben getragen. Frau und Technik. Aber ich bin ja pflegeleicht, hab alle Viere von mir gestreckt und bis morgens um fünf gepennt. Der gestrige Tag war ja so anstrengend, dass ich nach dem

Fünf-Uhr-Morgenfläschchen schon wieder auf Omas Bauch in Fröschlistellung einge-schlafen bin. Oma wirkt wie eine Schlaftablette und Mama kann ausschlafen.

Besuch im August

Oma und Toni besuchen uns drei Tage im August. Toni ist meine einzige Cousine aus Usseln. Sie beide müssen auf dem Sofa im Wohnzimmer schlafen. Na-türlich soll Toni auch etwas von Frankfurt sehen und es gibt viele Ausflüge in die Stadt und in Parks. Und dann noch drei Nächte Babysitten, Fläschchen, Bäuerchen, Klopfen auf den Rücken, wieder einschlafen. Dazu kommt noch Jessy, die auch nachts manchmal aufwacht und Oma abschleckt. Naja, das war wohl ein bisschen zu viel für Oma. Sie war fix und fertig.

Urlaub auf Mallorca auch noch im August

Meine Eltern machen mit mir Urlaub auf Mallorca. Sie müssen unbedingt mal raus, sagen sie. Oma Renate schüttelt den Kopf. So ein vier Monate altes Baby sollte nicht unbedingt schon fliegen. Aber Papa und Mama sehen das anders. Ich liege im Fliegerbettchen und überstehe alles ganz prima. Oma, die alte Bedenkenträgerin! Und Urlaub war so schön in meiner Wippe und die getigerte Katze fand es auch ganz prima bei uns.

Nichts Neues im September

Es gibt nicht viel Neues. Ich soll auf dem Bauch liegen und das Köpfchen heben. Bauchlage mag ich gar nicht, außer auf Omas Bauch. Greifen kann ich auch schon. Mama beginnt Brei zu füttern. Klappt schon ganz gut. Und dann natürlich Oma. Was hat sie denn nun schon wieder vor? Kein Fläschchen? Besser mal die Stirn in Falten legen. Möhrenbrei vom Löffel! Nicht mit mir und schon mal gar nicht mit Oma. Ausspucken auf Omas Pullover! Getroffen. Gut, dass der nicht weiß ist, sondern rot.

Nostalgiezug Oktober

Mal wieder ist Willingen angesagt. Mama und Papa sind zu einer Hochzeit eingeladen. Oma, Toni und ich wollen Zug fahren. Oma hat immer so schräge Ideen. Aber es ist ja auch ein besonderer Zug. So einer mit richtiger Dampflok, mit so einem ist Oma immer nach Korbach zur Schule gefahren, und Toni hat so einen Oldie-Zug auch noch nicht aus der Nähe gesehen. Und den wollte uns Oma nun mal zeigen. Ingolf, mein Onkel und Papa von Toni, fährt uns zum Bahnhof. Soll ja nur eine Station weiter bis nach Brilon Wald gehen.

Erster Versuch. Wir machen es uns gemütlich. Bis der Schaffner kommt und sagt: „Dieser Zug endet hier!" Ja, komisch, jetzt ist klar, warum alle Leute ausgestiegen sind und nur wir ein. Die Leute wollen natürlich Party machen in Willingen. Nur wir wohnen ja hier und brauchen das nicht. Also holt uns Ingolf wieder ab.

Zweiter Versuch. Spät am Nachmittag. Wieder bringt uns Ingolf zum Bahnhof. Die Party ist anscheinend zu Ende. Da kommt die Durchsage: „Bitte die Türen schließen. Nächster Halt Kassel Wilhelmhöhe." Wir drei holterdiepolter aus dem Zug raus. Furchtbar, zwei Stunden bis Kassel und keine Möglichkeit zurückzufahren und niemand, der uns abholt. Und dann noch ohne Fläschchen und Verpflegung. Schade, so wird nichts aus dem „Nostalgiezug fahren."

Am nächsten Tag ist Schwimmen angesagt. Im Lagunenbad. Mama, Oma, Papa und Toni. Das macht richtig Spaß. Will gar nicht wieder raus aus dem Wasser. Das Leben ist schön.

Geschenke Weihnachten 2015

Dieses Jahr feiern wir ein großes Weihnachtsfest bei uns in Mühlheim. Opa und Oma aus Frankfurt, Großmutter Panagiota, Onkel Petro, Mama, Papa, Oma Renate und ich. Es gibt sooo viele Geschenke. Siebenunddreißig Päckchen sind auszupacken. Vom Computer für Oma Vasso bis zum Buch und ganz vielen Spielsachen für mich, da ist alles dabei. Dann gibt es endlich Abendessen für alle; gut, dass Mamas Brust immer warm ist und ich nicht darauf zu warten brauche. Aber heute will ich Brei, der, wenn er auf dem Löffel ist, immer von Oma Jaja bepustet wird. Jedes Mal denke ich: „Sie wird den Löffel doch nicht in ihrem Mund verschwinden lassen?" Aber nein, sie reicht ihn brav weiter an mich. Es waren wunderbare Weihnachten mit unserer Familie. Und an Silvester schicken Mama und Papa ein Bild von uns Dreien. Oma Renate schreibt dazu: Einfach Glück.

Die Physik

Sie werden sich sicherlich fragen, was diese kleinen Erzählungen mit der Physik zu tun haben. Wenn Sie jetzt eine genaue Erklärung von mir erwarten, dann muss ich Sie enttäuschen. Das kann ich nicht, eine genaue Erklärung geben.

Während der Zeit dieser Aufzeichnungen gab es immer wieder Augenblicke, in denen der Kleine die Sternchen angestellt hat, was heißt, dass ich in seinen Augen ein Glitzern wahrgenommen habe. Es waren Augenblicke der wunderbaren Übereinstimmung, ich würde es auch Augenblicke des „Eins - Seins" nennen. Das Eine oder für mich Das Eins-Sein. Diese Augenblicke ergaben sich immer ganz spontan, ich konnte sie weder herbeiführen noch wollen. Auch eine rationale Erklärung, heißt für mich eine kausale Beziehung, also einen Ursache-Wirkungs-Zusammenhang, konnte ich nicht erkennen. Ich meine damit, dass es nicht Augenblicke waren, die sich ergaben, weil ich dem Kind die Flasche gegeben und somit seinen Hunger gestillt habe, oder einen Keks, der sein Verlangen geweckt hatte. Nein, es waren Augenblicke, die aus dem Nichts passierten, einfach so.

Elektrizitätslehre, Mechanik, Newtons Gesetze, alles nicht Ihr Ding? Und doch sind wir aufgewachsen in der Welt der Mechanik. Autos, Flugzeuge, Flaschenöffner, all diese Dinge haben mit der Mechanik zu tun. Handy, Induktionsherd, der auch Ihre neue Küche ziert, Computer, Laser, Kernkraftwerke, Elektronenmikroskop. All die Erkenntnisse der Molekularbiologen basieren auf Erkenntnissen der Physik, genauer gesagt, denen der Quantenmechanik, auf die ich aber erst später zu sprechen komme.

Zurück zu Ihrer Schulphysik. Vielleicht hat Ihnen Ihr Physiklehrer, als Sie in der siebten Klasse waren, die Frage gestellt, warum man Gegenstände sehen kann. Ich wette, Sie hatten bis dahin noch nie darüber nachgedacht. Demokrit, ein „alter Grieche", glaubte, dass die Gegenstände Teilchen abgeben, die dann in unser Gehirn aufgenommen werden. Das konnte aber nicht sein, da dann ein Gegenstand irgendwann nicht mehr existieren würde. Und doch hatte Demokrit nicht ganz unrecht. Fällt Licht, sagen wir Sonnenlicht, auf einen Gegenstand, z.B. ein Auto, so wird dieses Licht reflektiert und fällt in unsere Augen. Diese Lichtteilchen werden in der Physik Quanten genannt. Die Strahlen, die in unsere Augen fallen, werden als Energie von den Nerven weitergeleitet und erzeugen im Gehirn einen Farbeindruck, also beispielsweise rot. Wie wir wissen, besteht weißes Licht ja aus den Spektralfarben. Erinnern Sie sich, dass der Physiklehrer weißes Licht durch ein Prisma schickte und Sie die Spektralfarben sehr gut erkennen konnten?

Wir kommen jetzt zu noch etwas spezielleren und sicherlich auch schwierigeren Themen aus der Physik, speziell nämlich der Quantenphysik und hier zu den Themen Dualismus des Lichts und Verschränkung.

Sie haben sicherlich in der Schule das Bohrsche Atommodell besprochen. Sagen Sie jetzt bitte nicht, wie der Großteil aller Personen, mit denen ich gesprochen habe, dass die Physik ihrer Schulzeit ein Buch mit sieben Siegeln für Sie war. Sollte es doch so sein, so schieben Sie diese Erfahrung einfach mal zur Seite.

Das Bohrsche Atommodell. Dazu muss man weit zurückgehen in der Geschichte. Schon die Griechen, genauer gesagt die Hellenen, haben sich die Frage nach dem Aufbau und den Urbausteinen der Materie, also unserer Umwelt, gestellt. Materie wird dabei als Urstoff aufgefasst, aus dem alles entstanden ist. Dieser so genannte Zeitraum des Hellenismus erstreckte sich von etwa 360 bis 30. v. Chr. Epikur (341 -272 v. Chr.) war wie Demokrit (460 -370 v. Chr.) der Auffassung, dass die Grundbausteine des Alls die Atome (átomos - unteilbar) und die Leere seien. Diese Atome hatten seiner Meinung nach keine anschaulichen Eigenschaften, wie etwa Farbe und Geruch. Sie bestanden alle aus dem gleichen Stoff und unterschieden sich nur in Gestalt und Größe. Sie schwirrten durch den Raum und konnten durch Vereinigung und Trennung alle Erscheinungsformen der Natur annehmen.

Über die Existenz von Atomen entbrannte ein Streit, der erst gegen Ende des 19. Jahrhunderts, also nach fast 2500 Jahren, zugunsten der Realität der Atome entschieden werden konnte.

Niels Bohr stellte sich die Frage nach dem inneren Aufbau der Atome. Dass sie keine elementaren Grundbausteine der Natur sein konnten, wurde durch die Entdeckung des Elektrons (1897) und der Radioaktivität (1896) bewiesen. Die Elektronen sind fundamentale Bestandteile der Materie und kreisen um einen festen

positiv geladenen Kern. Dieser wiederum ist aus Protonen und Neutronen, den so-
genannten Nukleonen, zusammengesetzt. Dazwischen ist ein Nichts. Etwa wie das
Nichts zwischen all den Sternen am Himmel. Forscher lassen jedoch nicht locker. So
stellte man fest, dass die positiv geladenen Protonen sich gegenseitig abstoßen,
Neutronen jedoch als Antiteilchen entgegengesetzte Ladung besitzen. Der Atom-
kern ist somit positiv geladen und bindet die negativ geladenen Elektronen an sich.
Elektronen kreisen auf verschiedenen „Bahnen" um den Kern und geben Energie als
Lichtblitze bzw. Lichtquanten ab, wenn sie auf eine energetisch niedrigere Bahn
springen.

Dualismus von Welle und Teilchen des Lichts

Um den Dualismus des Lichts zu verstehen, möchte ich mit Ihnen in die Jahre 1925/26 zurückgehen. Die Physiker Einstein, Bohr und Heisenberg versuchten das Verhalten der Atome, aus denen Materie besteht, zu verstehen. Einstein war der Meinung, dass Licht aus kleinen Korpuskeln (Teilchen) oder Energiepaketen (Energiequanten) bestehe, die sich mit großer Geschwindigkeit durch den Raum bewegen und ab und zu mit Elektronen (negativ geladene Teilchen) zusammenstoßen. Andererseits lassen sich Interferenzerscheinungen des Lichts auch mithilfe der Wellenvorstellung erklären. Das ist der Versuch aus Ihrer Schulzeit, mit dem Ihr Physiklehrer mit Hilfe der Brechung am Doppelspalt Ihnen klarmachen wollte, dass Licht auch ein Wellenvorgang sein kann und nicht nur ein Strom von Teilchen. Aber auch wenn ein einzelnes Lichtquant auf den Weg durch den Doppelspalt geschickt wird, entstehen diese Interferenzerscheinungen. Das ist in der mechanistisch orientierten Welt so, als führe ein Skifahrer gleichzeitig rechts und links um eine Tanne, die sich ihm plötzlich in den Weg stellen würde.

Abb. 9: Interferenzvorgang. Zeichnung: Charles Addams. 1940

Mit dem mechanistischen Weltbild ist das nicht zu verstehen. Aber die Experimente der Quantenmechanik liefern dazu eindeutige Ergebnisse. Lassen Sie sich daher nicht entmutigen. Auch Einstein konnte sein Leben lang nicht zustimmen, dass Licht einmal als Welle und einmal als Teilchen existieren sollte. Sein Ausspruch dazu: „Gott würfelt nicht" belegt dies eindeutig.

Jedenfalls ist Licht nicht entweder Welle oder Teilchen, sondern sowohl als auch. Je nach Versuchsanordnung „zeigt" sich das Licht also als Welle oder Teilchen.

Niels Bohr, der damals (1924) Vorlesungen in Göttingen hielt, sprach von einer „neuen Quantenmechanik", die an die Stelle der alten Newtonschen Mechanik treten sollte. Sie stehen jetzt genau da, wo Werner Heisenberg 1926 stand. Er war der Meinung, dass man bereit sein müsse, das, was man bisher für die Grundlage seines Denkens gehalten hat, aufzugeben und „gewissermaßen ins Leere zu springen"[1]. Wenn, für uns im Denken, wirkliches Neuland betreten wird, „kann es aber vorkommen, dass nicht nur neue Inhalte aufzunehmen sind, sondern dass sich die Struktur des Denkens ändern muss, wenn man das Neue verstehen will"[2].

Mit der Schwierigkeit, diesen Sachverhalt besser zu verstehen, befinden Sie sich in guter Gesellschaft. Auch Louis de Broglie fragte sich 1926, wie dieser merkwürdige Dualismus zwischen Wellenvorstellung und Teilchenvorstellung des Lichts eine rationale Erklärung haben könnte. Die heutige Situation ist gekennzeichnet durch die Antwort, die der amerikanische Nobelpreisträger Richard Feynman auf die Frage: „Was ist Licht?" gegeben hat. Er war der Meinung, Licht sei keines von Beiden, es sei etwas Drittes. Dieses Dritte ist die Grundlage des theoretischen Konzepts der Quantenphysik. Es war das Verdienst Heisenbergs, der herausfand, dass im Bereich der Mikrophysik Ort und Impuls eines Teilchens nicht gleichzeitig festzulegen sind (Heisenbergsche Unschärferelation). Erwin Schrödinger zeigte mit Hilfe der sogenannten Schrödingergleichung, dass seine „Wellenmechanik mathematisch der Quantenmechanik äquivalent war, dass es sich also um zwei verschiedene mathematische Formulierungen des gleichen Sachverhalts handelte"[3].

Der Physiker Wolfgang Pauli betrachtete auch Materie und Geist als komplementär im Sinne der Quantenphysik. Die Quantentheorie überwindet diesen Gegensatz (Dualität Welle/Korpuskel), indem sie auf die Existenz einer ganzheitlichen

---

[1] Werner Heisenberg, /der Teil und das Ganze S. 88/
[2] (ebd.)
[3] (ebd. S.89)

Realität vor der Messung verweist. Genauso begreift Pauli Materie und Geist als Komponenten der einen Welt.

Aber auch Ihnen können, wenn Sie mit wachem Auge die Natur beobachten, diese Phänomene begegnen.

Die Quantenphysik und das Problem, diese nicht zu verstehen

Vom Ende des letzten Jahrhunderts bis heute gab es zahlreiche Wissenschaftler, Physiker wie auch Philosophen, die versucht haben, den Menschen zu vermitteln, dass die Quantenphysik in der heutigen Zeit eine größere Rolle spielt, als man allgemein denkt. Sie alle haben versucht darzulegen, was im Mikrokosmos passiert. Konnten wir der Vorstellung, dass das kleinste Teilchen ein átomos sei und die Elektronen um einen Kern kreisen, noch folgen, wohl wissend, dass dies nur ein Modell ist, so wird es schon schwierig, sich vorzustellen, dass sich Photonen einmal wie Wellen und einmal wie Teilchen verhalten. Ein anderes Problem ist, dass man nicht mit 100%iger Sicherheit Ort und Impuls dieses Teilchens gleichzeitig bestimmen kann (die sog. Heisenbergsche Unschärferelation).

Diese Eigenschaft bzw. Dualität im Verhalten eines Photons, das man nun auch leider nicht direkt beobachten kann, wie den Sonnenuntergang auf Norderney, passt einfach nicht in unser mechanistisch geprägtes Weltbild. Unser Weltbild ist geprägt von einem Ja oder Nein, meist sogar von einer wahr- oder nicht-wahr-Logik. Also, die Ampel ist rot oder gelb oder grün. Ich habe Krebs oder ich habe keinen Krebs, heute ist Sonntag und nicht Montag. In der Quantenphysik ist es aber so, dass Sonntag UND Montag ist. Schon beim Schreiben dieses Satzes gerate ich ins Denken: „Das kann nicht sein, das ist unlogisch!" Ist es ja auch, wenn man im mechanistisch geprägten Weltbild bleibt. Professor Hans Peter Dürr sagt in einem Interview mit der Zeitschrift P.M. (05/2007): „Diese Unschärfe verweist auf den Ursprung alles Lebendigen – auf einen zugrunde liegenden Code, der nichts anderes ist als Information. Was wir für Materie halten ist Bewusstsein. Diese Theorie legt nichts weniger als ein neues Weltbild nahe." Diese Formulierung beinhaltet eigentlich den

Weg, den wir gehen müssten, um die Frage zu beantworten: Wie kommen wir vom Sein zum Bewusstsein, aus der Unschärfe zum Bewusstsein.

Dieses neue, nun wirklich andere Weltbild, bedingt unausweichbar einen Wirklichkeitsbegriff, der unserer von Determinismus geprägten Generation, die hauptsächlich rational denkend unterwegs ist, völlig gegen den Strich geht.

Wenn man dann noch mit der These kommt, dass es im Grunde Materie gar nicht gibt, nur so etwas wie Verschränkung oder Beziehungsgefüge, was ja auch wiederum schwer zu erläutern ist und keine materielle Grundlage hat, spätestens dann hat man schon verloren in der Diskussion und wird als Spinner bezeichnet.

Bringt man noch das Wort Geist ins Spiel, befinden wir uns, so unser Gegenüber, auf einer spirituellen Ebene, auf der nichts mehr nachweisbar ist, also nicht mehr rational erfassbar ist. Meist: Diskussionsende!!

Ich liege auf dem Sofa und freue mich darüber, dass der Vermieter im Herbst letzten Jahres unweit meiner Terassentür noch einen Felsenbirnbaum gepflanzt hat. Jetzt, Anfang März, strecken schon die ersten Knospen ihre Köpfchen hervor. Ich denke über das Thema Welle und Korpuskel nach, weil ich etwas dazu schreiben möchte. Aber nicht etwas, das ich schon Xmal vorher geschrieben habe. Ich komme aber schnell zu dem Schluss, dass es per Denken nicht geht. Folglich rufe ich meine Freundin Uschi an, um irgendwie einen Impuls zu bekommen. Damit tappe ich in die alte Falle, ich verharre wiederum im mechanistischen Weltbild, dem Prinzip: Ursache - Wirkung. Funktioniert natürlich nicht bei mir. Letztendlich hoffe ich dann aber doch auf meine abendlichen oder morgendlichen Eingaben und lege das Thema zur Seite.

Draußen gibt es inzwischen einen wahnsinnig starken Regenguss. Der Regen prasselt senkrecht nach unten, richtig dicke Tropfen. Er endet so abrupt wie er eingesetzt hat. Nur ein paar einzelne Tropfen finden noch den Weg zur Erde. Die schon tiefstehende Sonne überflutet den Felsenbirnenbaum mit ihren Strahlen. Dicke Tropfen, die sich an den Köpfchen der Zweige festhalten, glitzern wie die funkelnden LED-Leuchten am Weihnachtsbaum. Dünne Lichtstrahlen, ausgehend von diesen dicken Regentropfen, verbreiten sich nach allen Seiten. Ein minutenlanges Naturereignis. Ich laufe mit meiner Kamera nach draußen. Es gelingt mir nicht, diese Naturerscheinung einzufangen. Es klappt nicht. Es ist nur aus der Perspektive „Sofa" zu sehen.

Mich durchfährt es wie ein Blitz.

Ja, genau das ist es! Wasser und Licht. Funkelnde Wassertröpfchen = Korpuskel, gleichzeitig Lichtstrahlen = Wellen. Dualität pur. Licht ist beides zugleich. Genauso wie Wassertropfen und Wasserwellen, Teilchen Und Welle. Sie sind nicht zu unterscheiden, alles hängt mit allem zusammen.

Die Natur gibt uns Antworten.

Es ist das UND, das mich fasziniert. Das Und der Natur und doch auch das Prinzip Ursache Wirkung aus dem mechanistischen Weltbild. Ursache – Regen und Sonneneinstrahlung. Wirkung - Quant/Welle – Quantenphysik.

Beides gleichzeitig.

Dieses UND ist auch mein Anliegen. Menschen reden miteinander, hören einander zu. Aber das reicht nicht. Die Worte der Anderen – sie sind genauso wichtig wie meine. Die Argumente der Anderen – sie können genauso zutreffen wie die eigenen.

Licht und Wasser, Tröpfchen und Welle, Lichtquanten und Lichtwellen, Mechanistisches Weltbild und Quantenmechanik - niemals ein ODER. Liegt die Antwort in der Physik?

Jetzt wird es etwas schwierig. Aber ich werde versuchen, die Quantenphysik und ihre Erscheinungen so zu erklären, dass Sie vielleicht verstehen können, warum ich einige Beobachtungen und Verhaltensweisen zwischen mir und meinem Enkel quantenphysikalisch erklären möchte.

Wie schon im Absatz zum Dualismus erwähnt, besitzen Teilchen keinen eindeutigen Zustand. Es gibt nur eine relative Wahrscheinlichkeit dafür, dass sie sich in dem einen oder anderen Zustand (Welle/Teilchen) befinden. Noch seltsamer ist es zu verstehen, dass zwei Teilchen, die einmal eins waren, miteinander wechselwirken, wenn sie getrennt werden. Sie sind miteinander verschränkt. Ihrer beider Wahrscheinlichkeiten sind nicht unabhängig voreinander. Sie sind Teile einer komplizierten Wahrscheinlichkeitsfunktion, die beide Teilchen gemeinsam beschreibt. In einer sogenannten Polarisation gibt es eine Wahrscheinlichkeit dafür, dass Photon A vertikal und Photon B horizontal polarisiert ist. Oder eben umgekehrt. Beide Photonen können kilometerweit voneinander entfernt sein, sie bleiben untrennbar miteinander verbunden.

Misst man z. B. eine vertikale Position bei Photon A, dann ist Photon B unabdingbar horizontal ausgerichtet, obwohl sein Zustand unmittelbar vorher noch nicht festgelegt war und zwischen den beiden kein Signal ausgetauscht werden konnte.

Einstein sprach von einer „spukhaften Fernwirkung". Erst Jahre später fand der nordirische Physiker John Bell eine Möglichkeit, diesen Effekt experimentell nachzuweisen. Heute weiß man, dass dieser Effekt auch auf der Molekularebene stattfindet.

Verschränkung, für uns eine sehr schwer zu verstehende Realität.

Es sind Teilchen, die sich gleichzeitig an mehreren Orten befinden, und über sehr weite Entfernungen miteinander verbunden sind, ohne dass man Radiowellen oder eine Verbindung über das Licht zwischen ihnen messen könnte. Nochmal einfacher ausgedrückt heißt das, führt man Messungen an dem einen oder anderen Teilchen durch, so hat dies eine unmittelbare und ohne Zeitverzögerung stattfindende Auswirkung auf das andere Teilchen. Etwas, das schneller als mit Lichtgeschwindigkeit stattzufinden scheint. Das andere Teilchen ändert seinen Spin, seine Drehung.

Da stellt sich unweigerlich die Frage, ob quantenmechanische Phänomene Teil unserer Realität sind und ob vielleicht wirklich alles mit allem verbunden ist?

Bin ich mit meinem Enkel, aufgrund unserer sehr engen Beziehung, über diese kleinsten Teilchen verbunden? Die Sternchen in seinen Augen und die in den meinen, die ich aber nicht sehen kann. Das einander Verstehen Können, ohne dass es Worte benötigt. Ich nehme es hin, als Geschenk, als etwas sehr Schönes, das mir widerfährt.

„Spukhafte Fernwirkung"

Für diejenigen, die vielleicht etwas neugierig geworden sind und doch ein bisschen tiefer in die Welt der Quanten eindringen wollen, möchte ich jetzt ein bisschen ausführlicher über diese Welt berichten.

Heute sind die Erkenntnisse der Quantenphysik immer und immer wieder bestätigt worden, wenn auch manche Phänomene, wie zum Beispiel Albert Einsteins „spukhafte Fernwirkungen" noch nicht geklärt sind. Im Zeitalter des Internets werde ich nicht auf alles Ihnen Unbekannte eingehen wollen, sondern es Ihnen überlassen, sich weitergehend zu informieren.

Da ist zuerst das Prinzip der Lokalität, das Basis der klassischen Physik ist. Sie können genau bestimmen, an welchem Ort ein Stuhl steht oder ein Auto sich gerade befindet. Diese beiden Objekte existieren unabhängig voneinander, können separat untersucht werden und beeinflussen sich nur, wenn das Auto den Stuhl z.B. umfährt, sie also unmittelbar miteinander in Kontakt treten.

Einstein erkannte, dass die Quantentheorie dem Prinzip der Lokalität widerspricht, und folgerte daraus, dass es verborgene Variablen geben müsste, die zur Erklärung der Quanteneffekte hinzugezogen werden müssten. Einstein konnte und wollte seine Theorie der Lokalität nicht aufgeben. Doch er irrte. John Bell zeigte mit seiner Bellschen Ungleichung (1964), dass es solche verborgenen Variablen nicht geben konnte. Experimente, die später zu diesem Phänomen gemacht wurden, zeigen, dass Einstein sich definitiv irrte. Verschränkte Photonen oder Elektronen verhalten sich nicht lokal, sie sind durch „spukhafte Fernwirkungen" miteinander verbunden. Klar ist, dass das mechanistische Weltbild durchaus existiert, dass es aber darüber

hinaus Phänomene gibt, nämlich die, die das quantenmechanische Weltbild beschreibt, die unser vertrautes Weltbild (z. B. man kann nur rechts oder links als Ski-
läufer um eine Tanne herumfahren) erschüttert. Die Frage nach der Wirklichkeit
stellt sich erneut.

Das Parade-Beispiel dafür, dass sich Erscheinungen nicht mit den Annahmen
oder Grundsätzen des klassischen Weltbildes erklären lassen, ist das Doppelspalt-
Experiment. Fällt Licht durch einen Spalt, so breitet es sich dahinter wie eine Welle
aus. Fängt man das Licht auf einer Leinwand auf, so wird es auf dieser als leuchten-
der Strich abgebildet. Sendet man Licht durch zwei parallele Spalte, sollte man annehmen, dass sich auf der Leinwand zwei leuchtende Striche bilden. Doch was man
sieht, ist ein komplexes Interferenzmuster, eine sogenannte Superposition, eine
Überlagerung von Wellen. Dieses Phänomen haben Sie sicherlich schon einmal in
der freien Natur herbeigeführt, nämlich dann, wenn Sie zwei Steinchen gleichzeitig
auf eine bis dahin ruhige Wasseroberfläche geworfen haben. Beide von Ihren Steinchen erzeugten Wellen überlagern sich und sind daher mehr als nur die Summe ihrer Teile. Interessanterweise bildet sich solch eine Überlagerung auch dann aus,
wenn man einzelne Photonen in zeitlichem Abstand nacheinander auf den Doppelspalt schickt. Das Photon passiert beide Spalten zugleich. Der Skifahrer fährt sozusagen links UND rechts an der Tanne vorbei. Diese sogenannte Superposition ist die
Erklärung dafür, dass Quantensysteme miteinander verschränkt sind, also „spukhafte Fernwirkungen" hervorrufen.

Diese Nichtlokalität wird durch folgendes Experiment nochmals verdeut-
licht. Tritt eine Lichtwelle oder eine Materiewelle, z. B. Elektronen durch einen Spalt
und trifft auf einen gekrümmten Detektor, so hat sich diese Welle nach dem Durch-
tritt durch den Spalt halbkreisförmig ausgebreitet, ist also gleichermaßen überall

zugleich. Doch auf der inneren Detektorwand erscheint unter Umständen nur ein einzelner Punkt, an dem diese Welle ein einzelnes Photon erzeugt hat. Diesen Ort kann man nicht vorhersagen, es gibt nur eine Wahrscheinlichkeit, wo er sein könnte. Auch Schrödingers Wellenfunktion zeigt diese Nichtlokalisation der Welle. Sie fällt aber bei Messung zu einem eindeutig lokalisierbaren Messpunkt zusammen.

Diese von Einstein erkannte Nichtlokalität der Quantenphysik war nach seiner Auffassung nicht vereinbar mit seiner Relativitätstheorie, die besagt, dass sich Kräfte und die Beziehung von Ursache und Wirkung maximal mit Lichtgeschwindigkeit ausbreiten und die Physik eine Wirklichkeit in Raum und Zeit darstellt. Eine Verschränkung, bei der sich die „Wirkung" ohne Zeitverzögerung, also spukhaft schnell darstellt, war für ihn nicht vorstellbar.

In seiner kurzen Ausführung „Quantenmechanik und Wirklichkeit" (November 1948, Fachzeitschrift Dialektica) betont er nochmals, dass sich „die Begriffe der Physik beziehen auf eine reale Außenwelt, das heißt es sind Ideen von Dingen gesetzt, die eine von den wahrnehmenden Subjekten unabhängige `reale Existenz` beanspruchen (Körper, Felder et cetera), welche Ideen andererseits zu Sinneseindrücken in möglichst sichere Beziehung gebracht sind. Charakteristisch für diese physikalischen Dinge ist ferner, dass sie in ein raum-zeitliches Kontinuum eingeordnet gedacht sind."

Interessant ist, dass Einstein als Entdecker der Nichtlokalität gilt, sie aber für nicht real hielt. Er konnte auch die von Niels Bohr und Werner Heisenberg aufgestellte These nicht akzeptieren, dass die Realität von Beobachtungen und vom Beobachter abhängt. Also, erst wenn ich etwas messe, stellt sich die Realität ein. Dieses Phänomen ist auch für mich lange Zeit ein Rätsel geblieben.

Sie fragen sich vielleicht, warum ich nochmals auf die Kenntnisse der Quantenphysik zurückgekommen bin. Obwohl die Verschränkung bisher nur bei so kleinen Systemen wie Molekülen nachgewiesen werden konnte, bin ich doch der Überzeugung, dass diese Verschränkung maßgeblich für das Verhältnis zwischen mir und meinem Enkel verantwortlich ist. Dieses augenblickliche Verstehen ist Bestandteil unserer Beziehung. Diese Fernwirkung ruft auch bei mir immer noch Skepsis hervor. Sie ist auch für mich eigentlich noch irrational und im Grunde unverständlich. Doch ich weiß tief im Innersten, dass sie da ist.

Hauptteil
Zum Skispringen in Willingen Januar 2016

Mal wieder geht es auf die Reise nach Willingen. Skispringen ist angesagt. Toni, Oma und ich gehen erst mal spazieren.

Dann steht Schweizer Fondue Essen auf der Tagesordnung. Fredi, ein Freund von Opa Oswald, der leider schon tot ist, und ehemaliger Skispringer aus der Schweiz, bringt alle Zutaten mit. Onkel Ingolf lädt nur so viele Leute ein, wie in Omas Küche Platz haben. Diese Plätze sind begehrt bei Ingolfs Freunden. Es schmeckt fantastisch, das Käsefondue den Gästen und das Weißbrot mit Kartoffeln mir. Ziemlich viel Aktion. Alle reden wild durcheinander und lachen viel. Ingolf erzählt aber auch immer so lustige Geschichten. Reichlich Schnaps und Wein tragen zur guten Stimmung bei. Ingolf ist in seinem Element. Später fällt er dann vom Stuhl. Zuviel von allem. Müde sinken Oma und ich ins Bett. War ein prima Abend.

Am nächsten Tag geht es dann zum Skispringen. Mein erstes Event. Diesmal ist noch ein anderer Teil der Familie dabei. Iris, die Cousine von Oma, ihr Mann Thorsten, Ole und Thore, ihre beiden Kinder, die Großcousine meiner Oma Renate. Mama lernt erst mal alle diese Leute kennen. Es ist ziemlich kalt, aber ich bin ja eingemummt auf Papas Arm. Was ist das alles anstrengend. Morgens um fünf war ich wieder wach. Aber nach dem Fläschchen hab ich selig weiter geschlafen.

Mama meint, so ein Junge wie ich muss Erfahrungen machen. Also sind wir mal wieder in Willingen. Was ist das denn? Ich kann es anfassen und doch ist es plötzlich weg. Schneeflocken meint Papa und die sammeln sich und dann kann man prima Schlittenfahren im Kurpark. Sausen mit dem Schlitten mit und ohne Papa. Er hat es wohl ein bisschen übertrieben, denn plötzlich habe ich Schnee überall. Bin vom Schlitten gefallen.

Und dann die Badewanne bei Oma. Enten, Schiffe, alles Mögliche passt da hinein. Da will ich gar nicht wieder raus. Und im Lagunenbad gibt es auch Sprudler, Rutsche und Wasserlöcher, wo das Wasser einfach verschwindet.

In der Krippe meint man, wir Kleinen müssen Mehlbaden machen. Sie haben dieses Zeug in ein kleines Plantschbecken geschüttet und uns Kinder reingesetzt. So ein Quatsch, da kann man ja gar nicht schwimmen. Oma ängstigt sich wegen des Mehlstaubs. Aber es ist nichts passiert, alles gut. Dann stecken die mich doch einfach in einen Käfig. Kinder hinter Gittern. Da muss ich immer warten, wenn die Situation gefährlich für mich wird, wenn also Mama zweimal die Treppe runter muss, um mich, Jessy und all den Einkauf nach oben zu tragen. In diesem Käfig sehe ich aus wie Papa, als er klein war, sagt Oma. Oma sagt immer, ich tue das, was Papa auch getan hat, und sehe genauso aus wie er, als er klein war.

Ich kann schon mit den Händen klatschen und auch mit den Füßen, die kann ich auch leicht in den Mund nehmen. Das Einzige, was nicht klappt, ist das Einschlafen. Macht einfach keinen Spaß. Am liebsten soll jemand ganz lange an meinem Bettchen sitzen und mein Händchen halten. Wenn Oma das tut, merke ich ganz genau, wenn sie weg will und sich ganz langsam aus meinem Händchen schleicht. Meist mache ich dann die Augen wieder auf. Aber irgendwann gebe ich auf und schlafe auch ohne Händchen halten.

Ab jetzt muss ich in die Kinderkrippe. Heute (13.3.2016) war wohl der letzte Morgenspaziergang mit Oma. Sie hält viel von frischer Luft. Manchmal gehen wir drei Stunden, meist schlafe ich tief und fest. Jessy ist schon so alt, die muss zwischendurch nach Hause gebracht werden.

Großtante Eleni ist aus Australien angereist. Leider war Opa Louis ganz furchtbar krank. Im November hab ich noch ganz fest bei ihm auf dem Schoß gesessen, aber er sah schon sehr krank aus. Jetzt im April ist er gestorben. Und Jorge, der Sohn von Großtante Eleni, hat die weite Reise von Australien bis nach Frankfurt auf sich genommen, um Opa noch mal zu sehen, auch wenn er da schon tot war. Dann sind wir alle nach Willingen gereist. Die Verwandtschaft wollte doch wissen, wo Papa mal gewohnt hat. Und Oma Vasso und Uroma Panagiotta waren ja auch noch nicht in Willingen. Jessy musste natürlich auch dabei sein. Oma Renate hat für alle Rouladen mit Rotkraut gekocht, das kann sie prima. Aber meine griechische Familie hat ja kein Zeitgefühl, und die Familie war in Willingen shoppen. Oma Jaja wollte Uroma Panagiotta noch gern eine neue schwarze Hose kaufen, und das dauert. Onkel Jorge, Oma Renate und ich haben derweil die Kirche in Willingen besucht, was aber keine Kirche, sondern ein Tanzlokal ist. Hat man umgebaut.

Und dann haben Jorge, Oma und ich gewartet und gewartet. Aber das mit der Hose war sicher nicht so einfach. Na, jedenfalls sind wir dann schon mal nach Hause gegangen und Oma hat das Essen aufgewärmt. Natürlich war das Mittagessen um halb eins fertig. Endlich um halb drei kamen die anderen. Sie hatten einfach noch beschlossen, einen Cappuccino im Eiscafé zu trinken mit einem kleinen Kuchen. Oma hat sich nichts anmerken lassen. Die Rouladen waren hart wie Stein, die Kartoffeln zerkocht, aber das Rotkraut schmeckte gut. Aber es waren trotzdem zwei wunderbare Tage in Willingen. Wir sind dann mit zwei Stunden Verspätung wieder nach Mühlheim gefahren.

Mein erster Geburtstag April 2016

Heute passiert etwas ganz Besonderes. Mama hat eingeladen und alles schön mit Luftballons ausgeschmückt. Papa war ganz stolz, er hat Waffeln gebacken, nach einem Rezept von seiner Oma Gisela. Sie sind wirklich toll geworden. Alle Frauen haben neidisch geschaut, dass mein Papa so etwas kann; das können Männer in Frankfurt nämlich nicht, Waffeln hausgemacht. Oma will aufschreiben, was ich schon alles kann. Laufen und sprechen jedenfalls nicht. Aber verstehen tu ich schon viel und krabbeln kann ich auch, Wassergewöhnung habe ich auch schon hinter mir. Laufen kann ich erst am 20. Juni. Dazu muss ich aber immer laut schreien, wie Papa, als er Skilaufen gelernt hat und wenn eine Abfahrt ganz steil war. Oma sagt: „Das nimmt die Angst."

Ich verreise mit Papa und meiner griechischen Familie. Dionysos lässt grüßen! Papa bucht Billigflüge für die ganze Familie bei Condor. Uroma ist schlecht zurecht und muss mit einem Rollstuhl zum Einstieg gefahren werden. Aber das klappt nicht wirklich. Der Service ist nicht da und ansonsten ist niemand am Flughafen zuständig. Also muss Oma Vasso Uroma fahren. Doch plötzlich stehen wir alle vor einer Treppe. Kinderwagen, Versorgungstasche, die Uroma, Papa mit Handgepäck, ich auf seinem Arm. Zum Glück hilft uns ein netter Mitreisender, und wir schaffen es die Treppe runter ins Flugzeug. Aber dann geht es erst richtig los. Mama und Papa haben mich am Tag vorher nochmal in die Kinderkrippe gebracht, damit sie alles packen konnten; Schutzzelt gegen die Sonne, Maxi Cosi, Taschen, Koffer, bewegliches Reisebett, Babytasche, Nahrung für mich, ich dachte schon, sie wollten nach Griechenland auswandern. Na ja, jedenfalls habe ich mir in der Krippe Fieber eingefangen, ich glühe, 38,9 Grad Celsius. Dass sie überhaupt geflogen sind! Aber ich bin ja pflegeleicht und schlafe während des ganzen Fluges tief und fest. Ein Glück. Die Oma kriegt plötzlich im Flieger keine Luft mehr, wird auf den Boden gelegt und von der Stewardess mit Sauerstoff versorgt. War doch zu viel, die ganze Aufregung. Endlich landen wir in Thessaloniki. Zum Glück gibt es keine Probleme mit dem Mietwagen. Außer den großen Augen des Vermieters. Papa (1,92m), Oma, Uroma, Mama und ich, vier Taschen, ein Reisebett, Maxi Cosi und ein Kinderwagen – ich war froh, dass ich den Maxi Cosi für mich hatte. Aber es hat alles in das kleine Auto gepasst. Nach einer Stunde waren wir dann schon in Asprovalta. Meer, Sonne, Platz zum Spielen und gleich ein neues Dreirad von der Nachbarin, sie braucht es sicher nicht mehr, sie ist schon 88 Jahre alt.

Heute gibt es einen Test. Mama und Papa wollen ins Kino und ich soll bei Oma schlafen. Wir sind mal wieder in Willingen. So ganz weiß ich noch nicht, wo das ist und warum wir jetzt woanders sind. Also jedenfalls heißt das, dass Oma mich natürlich auch ins Bett bringen soll. Erst mal haben wir aber zusammen Abendbrot gegessen. Oma will Bröckchen machen, aber Mama meint: „Abbeißen". Sie machen sich chic. Ich parke bei Oma auf dem Arm. Sie gehen. Ob sie wohl bald wiederkommen? Na ja, erst mal ist es interessant bei Oma. Wir gehen ans Fenster, gucken nach den Lichtern der Autos und den Leuten, die vorbeigehen. Fläschchen klappt auch noch, inklusive Bäuerchen. Oma legt mich in mein Reisebett, setzt sich daneben und hält mit mir Händchen. Aber irgendwie habe ich keine Lust auf Bett. Also ziehe ich mich erst mal am Bettrand hoch. „Da, da!" Oma reagiert nicht. Schließlich soll ich ja schlafen. Also mal die Sirene an. Klappt, Oma hebt mich aus dem Bett und wiegt mich auf dem Arm. Wo sind denn Mama und Papa? Nirgends zu sehen. Also Sirene etwas lauter. Oma legt mich bäuchlings auf ihren Arm. Nee, Bauchweh hab ich nicht. Sie nimmt mich wieder auf und klopft vorsichtig auf meinen Rücken. Nee, Bäuerchen habe ich doch schon gemacht. Sirene lauter, Oma wird nervös. Auch Autos gucken hilft jetzt nicht. Verdammt, wo sind denn Mama und Papa? Oma wandert mit mir im Zimmer auf und ab. Nützt nichts. Die Sirene wird lauter. Oh, neue Pampers. Aber auch das hilft nicht. Jetzt ist schon eine halbe Stunde um. Erneuter Versuch mich ins Bett zu legen. Dazu habe ich natürlich überhaupt keine Lust. Oma lässt mich schreien. Schnuller nützt auch nichts, den werfe ich erst mal weg, soweit ich kann. Das macht sie doch sonst nie, mich einfach schreien lassen. Dann – wieder raus aus dem Bett. Wieder bäuchlings auf ihrem Arm. Es nützt einfach gar nichts. Ob wohl das Kino bald zu Ende ist? Oma macht Tee – Bauchwehtee. Aber der schmeckt natürlich gar nicht. Will ich auch nicht. Und den Schnuller, Versuch zwei, schon gar nicht. Aha, Oma greift zum Telefon, spricht. Aber auch das nützt nichts. Ab und zu mal Luft holen und weiter geht's mit dem Geschrei. Ja, was ist denn das? Im Treppenhaus geht Licht an! Wer kommt denn da? Mama und Papa! Auf der Stelle die Sirene aus. Ab zu Mama auf den Arm. Oma, fix und fertig, setzt sich an den Küchentisch. Ich schenke ihr mein schönstes Lächeln. Alles ist gut – bei Mama auf dem Arm.

Am nächsten Tag ist Schwimmen im Lagunenbad angesagt, zusammen mit Mama, Oma, Papa und Toni. Das macht richtig Spaß. Will gar nicht wieder raus aus dem Wasser. Das Leben ist schön.

Friedas Geburtstag August 2016

Frieda wird heute ein Jahr. Mama, Papa und ich sind eingeladen und fahren zum Kindergeburtstag mit Erwachsenen, im Garten von Sascha und Lena. Sandkasten, Spielzeug alles reichlich vorhanden. Und ein Kinderpool ist auch da, das wird ein Nacktfroschspaß! Und draußen 34 Grad C in Frankfurt – toll.

Ja, wer kommt denn da? Hat mich noch gar nicht entdeckt! Da muss ich doch erst mal den Pool verlassen! Oma beim Kindergeburtstag? Da schenk ich ihr doch schnell mal die Bauklötzchen – so freu ich mich. Und dann natürlich Ärmchen hoch und ganz fest drücken. Oma und ich machen es uns gemütlich in der Hängematte – cool. Aber wer ist denn der Kleine? Will der etwa auch mit Oma chillen? Er schaut die Oma an und lacht mit allem, was er hat. Oma meint. „Du stellst ja auch die Sternchen an." Bisher habe doch nur ich die Dinger in meinen Augen gehabt – aber so ist das bei Oma. Sie bringt Augen mit Sternchen hervor. Quantenphysik, geht alles über Wellen oder auch Korpuskel, reden braucht man da nicht.

Wollen wir etwa schon gehen??? Ok, war ja auch lange genug, aber die Frage ist nun, wer geht und mit wem nach Hause oder sonst wohin? Da muss ich mir doch erst mal Omas Finger sichern, nicht dass sie einfach fort ist. Sie würde sagen, nonverbale Kommunikation oder Informationsübertragung per Verschränkung. Heißt: ich bekomme alles mit, ohne ein Wort zu reden. Geht klar, Mama scheint auf der Party bleiben zu wollen, Küsschen und tschüs! Aber was ist mit Papa? Der wird mich doch nicht etwa ins Bett bringen wollen? Ärmchen hoch – erst mal auf Omas Arm. Ab zum Auto, hin und her, warum geht denn hier nichts vorwärts? Jetzt setzt sie mich doch auch noch in den Kindersitz – Sirene an, mittlere Lautstärke. O.k. –

Oma steigt auf den Fahrersitz – Küsschen von Papa, alle Türen zu; Sirene wieder aus. Brabbel, brabbel. Schon schlafe ich tief und fest. Bis nach Hause. Oma trägt mich die Treppen hoch, drei Stockwerke, ziemlich schwer für sie. Ich schlafe immer noch, sie zieht mich aus, Schlafanzug an, ich schlafe immer noch. Jetzt ins Bett. Mal schnell ein Auge auf, ah, sie ist noch da, atmet tief im Takt, mit Augen zu. Zwei Stunden geht das nun schon: ich im Bett und Oma davor. Aufstehen ist nicht, das merke ich auch mit Augen zu und halte schnell mal wieder ihren Finger fest.

Auf dem Spielplatz 18.8.2016

Oma geht mit mir auf den Spielplatz.

Jetzt, wo ich laufen kann, ist das unser Lieblingsort. Schaukeln – Oma liegt mehr als sie sitzt auf dem Gummireifen. Und ich liege echt geschickt auf ihr. Hin und her und hin und her. Licht und Schatten – da mache ich doch erst mal die Augen zu. Wunderbar.

So, jetzt mal etwas anderes. Wir gehen zum Klettergerüst für Jungs wie mich. Fabian Hambüchen hat gestern die Goldmedaille am Reck gewonnen und hat dann gleich das Reck samt Transport von Rio in seine Heimatturnhalle dazu bekommen. Ich will auch ein Reck. Hänge mich erst mal an diese Stange. Bin, glaube ich, doch noch zu pummelig mit meinen stämmigen griechischen Stampfern.

Oma ist endlich wieder da. Sie war acht Wochen in Neuseeland und Australien. Wurde aber auch Zeit, dass sie wieder da ist. Bin gleich zu ihr gelaufen und habe sie ganz fest gedrückt. So viel Entzug tut mir nicht gut. Oma war ein bisschen skeptisch, ob ich sie noch erkenne. Aber da braucht sie keine Angst zu haben, wir waren ja so oft zusammen, als ich noch klein war. Sie wundert sich, was ich alles so sprechen kann. Ganze Sätze und vollständig formulierte Fragen sind kein Problem. Wenn es heißt putzen, hole ich natürlich mein gesamtes Equipment vom Putzeimer hervor. Die Schuhe waren ja auch wirklich dreckig vom Gang vom Spielplatz.

Apropos Spielplatz: Rollenspiele sind mein Spezialgebiet. „Du kannst nicht einsteigen in mein Auto, musst erst bezahlen!" Oma tut so, als wolle sie mir Geld geben. Luftgeld. Aber das will ich nicht. Also gibt sie mir zwei Euro. „Danke, ja jetzt kannst du einsteigen." „Wohin fahren wir denn?", frage ich. „Nach Honolulu," sagt Oma. Da fahren wir ja immer hin. „Das Auto ist kaputt, muss ich erst reparieren." Ich steige aus und probiere, wohin das zwei Euro Stück passt. „Aha, jetzt geht es wieder." Steige wieder ein. Wir fahren weiter. Das geht noch eine ganze Weile so. Ich kann ja so lange Rollenspiele. Aber dann beginnt es zu regnen und wir müssen schnell nach Hause. Schade.

Oh, ganz allein gehen wir schwimmen. Nur Oma und ich. Sie lässt mich natürlich ohne Schwimmflügel ins Wasser und ich halte sicherheitshalber ihre beiden Hände ganz doll fest. Schließlich will ich ja nicht untergehen. Aber dann nehme ich doch lieber die Schwimmflügel, da kann ich wenigstens alleine schwimmen. Und auch ausprobieren, wie lange ich im Wasser stehen kann und mich auf den Rücken legen und einfach nur schweben.

Könnte ewig im Wasser bleiben, das macht so einen Spaß. Doch nach einer Stunde meint Oma, es wäre nun genug. Habe schon blaue Lippen, meint sie. Also raus und ins Badetuch gewickelt. Oh, ist das schön warm, liege ganz still. „Nucky". Leider haben wir ihn nicht dabei. Aber geht auch so. Oma hält mich ganz warm. Aber dann will Oma doch aufbrechen und nimmt das Handtuch weg. Mein kleiner Penis ist ganz groß und schwupp kommt doch da Pipi! Ich schaue Oma an, sie lacht und hält mich schnell nach vorn. Interessant – Pipi. Sie rubbelt mich noch ein bisschen ab. „Gehen wir zur Buuuu?" Oma weiß gar nicht, was ich meine, das ist doch der Fön! - und auch unter die Dusche geht sie nicht mit mir. Irgendwie ist sie sehr nervös. Und da kommt schon wieder Pipi, laufe schnell zu einem Abfluss, stelle mich breitbeinig darüber und schon läuft alles Pipi dahin, wohin es laufen muss. „Geht doch", sagt Oma. Ja, wenn ich nackig bin, geht es immer mit dem Pipimachen. Und dann in die Umkleide. Ehe Oma sich versieht, habe ich doch das Shampoo auf meinen Haaren verteilt und auch ein bisschen auf meinem Body. Das findet Oma gar nicht gut. Also alles wieder ausziehen. „Wo sind denn die Schuhe?" Irgendwie ist einer abhandengekommen zwischen Umkleideschrank und Umkleide, sag ich doch, Oma ist nervös. Packt x-mal die Tasche wieder aus, neuen Body an, beide

Hemdchen sind mittlerweile nass, ebenso die Socken, weil sie ihren Badeanzug und meine Badehose darauf gelegt hat. Da muss es eben ohne Hemdchen gehen, und die Strümpfe sind auch in Mitleidenschaft gezogen worden. Manchmal geht aber auch alles daneben. Die Zeit wird langsam knapp, bis wir das Schwimmbad verlassen müssen. Also packt Oma alles ein, schnappt mich und checkt erst mal aus. Auch mein Schuh findet sich wieder, hat jemand an der Kasse abgegeben. Mit einem Schuh kann man ja auch nichts anfangen. Draußen im Vorraum wird erst mal alles ordentlich eingepackt. Nur ich möchte die Clocks ohne Strümpfe anbehalten und keine Jacke anziehen. „Egal", meint Oma, „ziehen wir die Jacke eben draußen an." Aber da gibt es so viele große Steine, auf die ich gerade mal steigen muss. So schnell können wir nicht nach Hause. Aber es ist mir dann doch zu kalt und ich ziehe lieber schnell die Jacke an. Ab ins Auto, wunderbar. Zuhause ist Mama gar nicht begeistert, dass ich mit nackten Füßen nach Hause komme, das Handtuch vollgepinkelt ist und ich in den Abfluss gepullert habe. Als ihr Oma alles erzählt hat, alles bis auf das Nichtduschen und Nichtföhnen, meint Mama, dass es ja ziemlich erlebnisreich gewesen sei und ob das alles wär? Wir sagen lieber nichts. Mit Oma ist eben alles anders.

Mama hat beschlossen, mit Oma Vasso, Oma Renate und mir noch in ein Café zu gehen; ich darf seit neustem Kuchen essen. Was gibt's denn für welchen? Schokoladenkuchen für alle und Cappuccino für Oma Renate mit Schaum – Schaum – ich liebe Schaum! Mama bestellt eine Extratasse, nachdem ich von allen den Milchschaum schon abgelöffelt habe... hmmm, leider schon alles alle. Ob ich wohl noch mal mit der Tasse zu der Bedienung gehe? Oma stimmt zu! „Schaum bitte", sage ich. Prima. noch `ne Tasse, dann ist es genug. Wer schaut denn da um die Ecke? Ein kleines Mädchen. KiKuK! Die flirtet mit mir. KiKuK zurück. Schmeiß mich mal schnell auf den Boden. Ist sie beeindruckt? Aber ja, sie quietscht. Also noch mal auf und wieder auf den Boden. Oh, hat sie da ein Plätzchen? Ob ich das wohl kriege? Aha. Noch mal auf und nieder und noch mal auf, ein bisschen näher zu ihr! Ja, sie gibt's mir, wundervoll – und tschüs, lieber noch mal zu Oma auf den Schoß – da gibt es Schokoladenkuchen zum Selberessen!!

K ist schwierig, also lieber t.

Als es klingelt, früh morgens, weiß ich sofort, wer das nur sein kann. Hab mir gleich ihr Händchen gesichert, damit sie mir nur nicht mehr fortgeht. Erst mal müssen wir ihr Auto auspacken. Oma reist immer mit viel Gepäck, wenn sie kommt. Einen Korb mit Fleisch zum Vorkochen, Gemüse, Sahne, Butter, weil die aus ihrer Molkerei kommt, von Biokühen. Eine Tasche mit all den Dingen, die sie aus dem Keller mitbringen soll. Dann noch ihre Tasche mit Anziehklamotten und eigentlich immer irgendetwas, das sie von A nach B oder von B nach A transportieren muss. Diesmal ist es die alte Legokiste von Papa. Der sucht immer alles herbei, wenn er in Willingen ist, und Oma muss es beim nächsten Mal mitbringen. Weil unser Auto eigentlich immer schon voll ist, mit Hund, Kinderwagen, Taschen, Mama, Papa und mir. Und diesmal hat Oma mir auch das duplo mitgebracht.

Aber wirklich interessant sind für mich eigentlich nur Omas Laptop und die Maus, weil die ein so schönes rotes Licht hat und es überall leuchtet, wenn man es hinhält. Das ist wirklich interessant.

Und dann hat mich Oma überlistet. Sagt, sie wollte mit mir zum Spielplatz und so steige ich auch bereitwillig in den Kinderwagen. Spätestens als sie mir die Schuhe auszieht, hätte ich etwas merken müssen. Aber ich hatte ja schon die Legosteine so weit geschmissen, wie ich nur konnte, Mama meint, das sei ein untrügliches Zeichen für Müdesein. Dann hat Oma wie immer die Geschichte vom Fisch erzählt und ist mit dem Kinderwagen den Holperweg gefahren. Das tut sie immer, weil es so holpert und ich einfach immer noch müder werde. Ich hab zwar ab und zu nochmal gesagt: „Spielplatz!", weil es derselbe Weg ist und wir einfach nicht abgebogen sind. Aber Oma tut immer was sie will. Na, dann schlief ich. Zu Hause hat mir Oma Mütze, Schal und Jacke ausgezogen. Ich schlief noch immer. Zweieinhalb Stunden. Oma wirkt wie eine Schlaftablette.

Als ich dann endlich wiederaufgewacht bin, gab es ganz lecker Nudeln. Die kann ich ganz alleine essen. Natürlich auf Omas Schoß. Dann Pampers wechseln. Sagt die Oma doch: "Puh, dreckig um die Eier!". Was ich natürlich sofort nachplappere. Oma lacht. Wir üben, puh dreckig um die Eier. Weiß gar nicht, warum sie so lacht und als sie das Mama hinterher erzählt, lacht die doch auch?!

Oma hat einen Heidenspaß, weil ich so viel rede. Ganze Sätze und so neugierig bin. Dann hat sie mich zu Mama in die Stadt gebracht. Spielen mit einer Freundin. OK „Tschüs, Oma". Mit tschüs sagen habe ich kein Problem. Sie kommen ja alle immer wieder – Mama, Papa, Oma; also kann ich auch beruhigt tschüs sagen.

Ist doch die Oma heut schon wieder gekommen. Schon ganz früh am Freitag, weil Papa Donnerstag-Abend seine Arbeitskollegen zu Besuch hatte und Omas Sofabett somit belegt war. Als sie geklingelt hat, hab ich sie gleich draußen abgeholt. „Oma tomm!" Händchen, damit sie ja nicht wieder wegläuft. „Muss erst das Auto ausladen". „Ich auch ausräumen." Und schon bin ich zur Tür geflitzt „Kann ich schon aufmachen, alleine". Muss mich dann zwar ganz oben auf die Zehenspitzen stellen und mich furchtbar recken, bis ich an die Klinke komme, aber es geht. Was Oma aber auch wieder alles mitgebracht hat! Sooo lange ausräumen und nicht spielen! Einen großen Spaten für Papa, den konnte ich kaum tragen, so schwer war er. Eine große Harke, die so lang war, dass sie mir dauernd auf den Boden gekommen ist, anscheinend auch für Papa. Und Spargel und viel zu essen und noch einen Korb mit irgendetwas. Dann endlich hat Oma Zeit zum Spielen, gut, dass es noch nicht Mittag ist, sonst hätte sie gleich angefangen zu kochen. Aber bevor es wirklich los geht mit Spielen, muss sie natürlich erst noch ein Käffchen trinken. Sie ist süchtig nach Kaffee, immer trinkt sie Mama alles weg.

Ein Puzzle hat Oma mitgebracht, ein ganz großes. Damit hat meine Cousine schon gespielt. Was heißt spielen? Ich soll die Dinger da hineinsetzen, aber die blöden Teile passen einfach manchmal nicht. Nur bei Oma passen sie immer. Na ja, wird sicher noch werden. Immerhin kann ich es viel besser als beim letzten Mal. Manchmal ist sie auch irgendwie ungeduldig. „Oma!!! Das kann ich schon!" „Nimm doch mal das Ding aus dem Mund!" Sie meint meinen geliebten Schnuller. Geht ja auch eigentlich viel besser, ohne Schnuller zu sprechen. Aber manchmal vergesse ich einfach, dass ich das Ding im Mund hab, den tollen Nucki. Abends wollen dann

Mama und Papa plötzlich ins Kino. Bei denen weiß man nie, was ihnen plötzlich in den Sinn kommt. Haben noch gar nicht zu Abend gegessen. Dann wollen sie auch noch eine große Verabschiedung von mir. Aber zu Papa habe ich nur „Tschüss" gesagt. Und als Mama sagt: „Ich geh jetzt", habe ich nur geantwortet: „O.k.". Warum lacht die jetzt schon wieder? Oma ist doch da. Naja. Wir haben uns dann Zeit gelassen mit dem Ins-Bett-Gehen. Toll. Zähne zu putzen brauche ich bei ihr auch nicht, sie sagt sowieso immer, dass ich die Bakeritzen und Kariespen nur hin- und herschiebe im Mund, weil ich noch nicht spucken soll mit Wasser. Egal, ab ins Bett, mit meinem Fläschchen, Socken aus, noch ein bisschen spielen mit meinen interessanten Zehen und schon bin ich im siebten Schlafhimmel. Schön, wenn Oma da ist.

Was ist denn heute eigentlich los? Oma ist da und hat die ganze Zeit keine Zeit für mich. Alle sind nur am Aufräumen, putzen und so fort. Was macht denn Papa da draußen mit dem großen Spaten von gestern? Muss ich doch erst mal gucken. Gut, dass Oma mir eine Schüppe mitgebracht hat. Tja, wie rum soll nun der Sandkasten stehen? Als Papa und ich gerade mit viel Mühe den ganzen Rasen vorsichtig ausgegraben haben, kommt Mama und sagt, der Sandkasten steht falsch! Wie Oma Jaja, die sagt auch immer, wenn man etwas fertig hat, dass sie es anders wollte. Aber dann finden sie den Platz doch gut; Oma meint: „Ich halt mich raus."

Meine Nase rotzt. Aber ich kann alles gut am Ärmel abwischen, Mama findet das nicht so gut und fragt sich, wer mir das gezeigt hat? Das machen doch alle Kinder so im Kindergarten. Trotzdem ist heute etwas anders. Oma hat schon wieder keine Zeit für mich; sie backt Kuchen. Mama auch. Sie macht Muffins. Da sie zu wenig Förmchen hat, hat sie die aus dem Sandkasten genommen. War, glaub ich, nicht so gut, denn sie sind alle im Backofen geschmolzen. Warum grinst denn Oma immer so? „Rat aus dem Internet ist nicht immer so gut." Meint sie.

Warum kommen denn heut so viele Leute? Hier ist ja echt was los und ich soll dauernd etwas auspacken. Eigentlich hab ich da gar keine Lust zu. Aber ich mach es dann doch, weil ich alles behalten darf. So viele Kinder. Und dann singen sie auch noch ein Lied. Geburtstagslied, aha, den hab wohl ich heute. Wir können alle so schön spielen draußen. Das Wetter ist verdammt gut und wir Kinder können uns darum streiten wer rutschen darf, und Kerzen auspusten und Wasser bei die Blumen gießen darf ich auch noch. Oma Jaja meint, dass die Blumen auch gegossen werden müssen. Mama und Papa meinen hingegen, dass die Blumen doch draußen stehen. Gut, dass wir eine Wohnung mit kleinem Garten haben, da können sie erst mal lernen. Oma grinst schon wieder. Sie meint nur „Letztes und vorletztes Jahr habe ich euch eine Balkonbepflanzung geschenkt und jedes Mal, wenn ich euch besucht habe, waren die Blumen vertrocknet. Jetzt weiß ich wenigstens warum. Ihr habt immer gesagt, das liegt am Südbalkon." Also ich werde mich mal darum kümmern, dass die Pflanzen Wasser bekommen.

Mama hat griechische Nüsse gekauft. Oma Renate schmecken sie nicht, weil sie so stumpf im Mund liegen, meint sie. Mittlerweile darf ich Nüsse. Mama ist begeistert, dass ich sie esse, und deshalb liegen sie ja auch draußen überall auf dem Tisch. Aber plötzlich gibt es Nüssestopp – keine Ahnung warum. Sie schieben sie in die Mitte des Tisches, so dass ich nicht mehr drankomme. Zum Glück haben sie viel Arbeit in der Küche, Vorbereitung für das Abendessen und Oma Renate, mein Wachhund, ist auch beschäftigt mit Lesen. Also Stuhl an den Tisch, Händchen in die Tüte, Nüsse in den Mund. Bis Oma von ihrem Buch aufsieht: „Ist genug, Ilias! Morgen können wir wieder Nüsse essen. Es gibt gleich Abendbrot, Fisch und Gemüse und Ziegenkäse." Ich will aber lieber Nüsse. „Eine noch, Oma." „O.k., nur eine." „Eine für Oma, eine für Mama, eine für Ilias!" „Ja, in Ordnung!" Brav gebe ich Oma eine, Mama eine und stecke eine in meinen Mund. Aber die Dinger schmecken ja so gut. Und Fisch mit Gemüse?? Neuer Versuch. „Eine für Oma, eine für Papa, eine für Mama." Ok. Ich hole drei Nüsse aus der Tüte. Sie passen gerade in mein Händchen. „Eine für Oma," zack ist sie doch wahrhaftig in meinem Mund gelandet. „Eine für Papa." Hmm, schmeckt. „Eine für Mama.". Ehe Papa eingreifen kann, hab ich auch sie schon in meinen Mund geschoben. „Ilias, jetzt ist aber genug!", schimpft Papa. Ich gucke Oma an. Sternchen in meinen und ein Lachen in ihren Augen. „Dass der mit seinen zwei Jahren schon so clever ist." Papa interessiert dieser Aspekt des Geschehens überhaupt nicht. Nur Oma macht sich so ihre Gedanken.

Deutung

Vom Sein zum Bewusstsein. Solche kleinen Vorgänge basieren weder auf dem Prinzip der Nachahmung noch auf dem Phänomen des Lernens mit Hilfe von Spiegelneuronen. Keiner in der Familie hat dies Verhalten vorgemacht, noch durch Worte oder Taten angeregt.

Dies ist der Augenblick, wo die quantentheoretische Möglichkeit oder Wahrscheinlichkeit in die mechanistische Wirklichkeit übergeht.

Begründung

Es gibt viele Möglichkeiten, um an die Nüsse zu gelangen. Er wählt die Listigste, eine, die ihm niemand vorgemacht hat. Er kommt von selber darauf, wie er an sein Ziel kommt.

Der zweite Aspekt ist das Verstehen zwischen Oma und Enkel. Sternchen in seinen und ein Lachen in den Augen der Oma: Verschränkung mit einander, ohne Worte.

Urlaub in Griechenland ist angesagt. Mama, Papa und ich fahren schon vor. Dieses Jahr ist alles anders. Oma Panagiota kommt nicht mehr mit. Sie ist im Herbst gestorben. Also diesmal mit Mama und Papa allein. Da braucht es Gewöhnung. Urlaub, viel Zeit und beide zusammen, jeden Tag. Schwierig für mich, weil beide zusammen doch schon ein Gegenpol sind. Mama macht ja letztendlich doch meist, was sie will, aber Papa ist da eine andere Nummer. Und dann haben sie alles Mögliche mitgenommen: elektrischer Nagelreiniger für Mama, Computer mit allem Zubehör für Papa, ziemlich viele große und kleine Taschen – wollen wir sechs Wochen bleiben? Na, da bin ich mal gespannt, mit was die mich beschäftigen wollen, denn die Spielsachen für mich haben sie zu Hause gelassen.

Mitten in der Nacht geht es los, weil ja nachts die Flüge billiger sind. Wie immer sind wir eigentlich viel zu spät losgefahren. Onkel Petro bringt uns. Am Flughafen bei der Passkontrolle, das ging noch schnell: „Personen mit Handicap und Familien mit kleinen Kindern bitte ganz nach links!" Prima – Handicap und ich zusammen, da gibt es sicher was zu drücken. Nichts ist! Ein Mann im Rollstuhl, wo hat denn der sein Handy? Und viele Familien. Es geht einfach nicht vorwärts. Der Typ an der Kontrolle ist, glaube ich, noch nicht richtig wach. Mama platzt der Kragen. Zehn Minuten vor Vier. Und um Vier ist Boarding. „Halt! Wo wollen Sie hin?" „Ich möchte zum anderen Checkband! Hier geht es ja nicht vorwärts!" „Da können Sie nicht durch!" Mama, 165 cm groß, geht einfach weiter. Papa, ich und die anderen Familien hinterher. Eine mächtige Invasion zum anderen Schalter. Papa, Polizist, wird wie immer von oben bis unten kontrolliert. Taschen, Schuhe, Gürtel usf. Doch dann sind wir endlich durch. Im Galopp zu BO1. Zum Glück ist das beim riesigen Frankfurter

Flughafen ganz vorn. Boarding Kontrolle, Treppe runter. Mama stürzt davon. Keiner ist mehr da. „Letzter Aufruf für Flug Condor 1223 nach Thessaloniki!" Das sind wir! Da kommt noch jemand. Rein in den Bus. Puh, das war knapp! Und dann fliegen – prima, darf am Fenster sitzen. Jetzt ein kleines Schlümmerchen, war ja auch so früh heute Morgen. Schon sind wir da. Alles Gepäck ins Auto, am Wasser entlang und in Null Komma Nichts sind wir in unserem Haus in Asprovalta. Griechenland ist toll, Urlaub mit Mama und Papa auch.

Was kommt denn da für ein Auto?

Ich linse mit Mama durch die Gitterstäbe des Balkons. Wir sind im Urlaub in unserem griechischen Haus in Asprovalta. Das ist ja Oma Renate- da muss ich aber mal kräftig in die Hände klatschen und vor Freude in die Höhe springen. Und Oma Vasso ist auch dabei. Los, alle aussteigen. Hat die Oma Vasso aber viel Gepäck; eine riesengroße Tasche mit einer Küchenmaschine und einem kleinen Gummiboot für mich. Eine schwere Tasche mit Akten, die kann ich gar nicht tragen und eine Wühlhandtasche mit sooo vielen Sachen, dass sie nichts wiederfindet und somit ständig am Suchen ist. Die blöden Gepäckkontrolleure wollten nicht, dass sie sechs Feuerzeuge mit nach Griechenland bringt! Denken die, sie wollte Griechenland abfackeln? Aber die Oma Vasso braucht doch die Feuerzeuge, weil sie wie ein Schlot raucht und nie weiß, wo sie diese komischen Dinger hingelegt hat. Ich finde Feuerzeuge auch sehr interessant, kann auch schon eine Flamme machen. Papa ist gleich auf mich zugestürmt, als es mir das erste Mal gelungen ist. Jetzt darf ich gar nicht mehr damit spielen, nur Oma Vasso kann sie so oft benutzen, wie sie will. Und ich darf es gar nicht, obwohl ich es doch schon kann.

Und in Oma Renates Taschen waren doch wahrhaftig meine Spielsachen von zu Hause. Duplo, Zaun, Tiere, der Trecker, der Polizist, der Räuber, das Polizeiauto und auch noch Bausteine. Da waren Oma und ich erst mal beschäftigt. War das anstrengend. Gleich darauf ist die Oma mit mir dann im Kinderwagen gefahren, ach, ist das schön. Bin gleich eingeschlafen. Omas Singsang lullt mich immer so leise ein. Hab ich doch schon mal gesagt: Oma ist eine Schlaftablette, eine ganz nette!

Heute ist Gartennachmittag. Oma Vasso und Mama stürzen sich gleich auf das kleine Beet. Oma Renate wartet ab. Papa sitzt auf dem Balkon – Rückenschmerzen! Er hat gestern zu lange Rasen gemäht und Unkraut gerupft. Hat auch gleich einen neuen elektrischen Rasenmäher gekauft, für einmal Mähen im Jahr! Oma meint, er hätte doch auch den Mann bestellen können, der sonst immer mäht. Nein, das ging nicht, Papa wollte Gartenarbeit. Folglich hat er „Rücken". Aber der Mann kam dann doch noch, um in den Ecken zu mähen. Das komische Ding, das er rumschleppt, macht höllisch Lärm und ich bin gleich mal zu Oma Renate geflüchtet. Besser erst mal vom Balkon und auf Omas Arm alles von weitem betrachten. Naja, scheint nicht so gefährlich zu sein, also runter vom Arm. Ah, da ist ja Omas Gartenschere. Wie geht die wohl auf? Klappt ja. Darf mit Oma Blumen abschneiden, das dauert natürlich länger und Oma schafft nur ein 1mal2-Meter-Beet säubern. Sie hat eine lange Hacke mit Stiel, geht prima. Sie meint nur: „Kraft mal Kraftarm gleich Last mal Lastarm!" Immer die komischen Sprüche von ihr. Vasso und Mama quälen sich mit einer Hacke mit kurzem Stiel, geht aber auch. Mama meint, die große mit dem langen Stiel wäre ihr zu schwer. Hat sie in Physik vielleicht nicht richtig aufgepasst?

Aber irgendwann sind es alle leid; noch ein bisschen zusammenfegen und dann sitzen wir alle wieder auf dem Balkon und tun nichts. Ich parke wie immer bei Oma Renate auf dem Schoß. Gartenarbeit ist anstrengend.

Und dann kommen ganz viele Leute. Die Frau von dem Rasenmähmann, Oma Vassos Onkel und seine Frau, und alle sprechen laut durcheinander. Aber mich füttern sie mit Pistazien. Ganz geschickt, die eine mit der anderen zu öffnen, wenn das Aufbrechen mit den Fingern nicht geht. Die Griechen sind eben Fachmenschen im Aufbrechen von Pistazien. „Hebelgesetz", sagt Oma Renate, „geht so ganz einfach. Auch bei denen, die sich weigern, sich zu öffnen." Die Oma immer mit ihrer Physik. Jedenfalls war es so lustig, weil die ja alle griechisch geredet haben und ich hab fleißig mit gebrabbelt. Keiner konnte mich verstehen, weder die Griechen noch die anderen. Irgendwann war es dann acht Uhr. Zu spät zum Kochen., auch wenn wir heute auf dem Markt waren und kiloweise Restfisch gekauft haben. Oma Vasso kauft immer Unmengen von allem. Das ist so in Griechenland, denn die Gäste mit viel Essen zu versorgen ist Tradition. Oma Renate hat davon keine Ahnung! Ja, und dann wurde doch Papas Vorschlag akzeptiert, etwas zu essen zu holen. Ich hatte gar nicht mehr viel Hunger, wegen der Pistazien, die Dinger machen ja so satt. Und als dann Oma Renate fragte: „Gehen wir ins Bett?", hab ich nur „Ja, ins Bett" gesagt. Aber wir mussten dann natürlich noch die komischen Kariespen und Bakeritzen aus meinem Mund entfernen. Oma und ich haben sie in die Badewanne gespukt, das war so lustig und ich habe gar nicht protestiert. Aber zum Einschlafen hab ich dann doch recht lange gebraucht, weil der Tag zu aufregend war. Musste dann noch lange Omas Händchen halten, sonst wäre sie ja einfach weggelaufen und das geht gar nicht. „Mal wieder Verschränkung!", sagt Oma, oder sind etwa die Spiegelneuronen im Einsatz?

Mal sehen, was es heut zum Frühstück gibt. Ahh, Papa isst Cornflakes mit Milch. Das schmeckt mir ja gar nicht. Lieber zu Mama. Frisches Weißbrot mit Kuh. Mama schlägt vor: Kuh mit Honig. Aber erst mal nur Kuh mit Weißbrot. Kuh-Käse. Mama schmiert. Oma Vasso hält noch ein Brot hin für mich. „Oma Jaja hab schon!" Hmm, lecker. Oder doch vielleicht Honig? Also gibt es noch ein Brot mit Kuh und Honig.

Papa holt erst mal einen Löffel für das große Honigglas mit ziemlich flüssigem griechischen Honig. Löffel rein. „Drehen", sagt Mama. „Lecker". „Nein, erst mal lieber einen Löffel auf den Teller." „Lecker, Mama.". Mama zieht den Löffel aus dem Honig. Tropf, tropf, ein bisschen geht daneben. „Erst lecken, zusammen!" Zusammen ist das Zauberwort. Tropf, tropf auf Mamas Finger, dann auf den Teller, dann in den Mund. „Mehr Honig!" Löffel wieder in den großen Honigtopf. „Alleine." „Zusammen", geht doch. Tropf, tropf, auf Mamas Hose. Jetzt nimmt sie mir doch wahrhaftig den Löffel ab. „Zusammen, Messer!" Also den Honig von dem Teller auf das Weißbrot mit Kuh. „Hmm, lecker, noch mehr." Das Brot ist fast alle. „Noch ein Brot mit Kuh, Mama." „Wo ist denn der Löffel?" „Papa, hol doch mal einen neuen." „Bring mir noch einen Kaffee mit und noch etwas Käse aus dem Kühlschrank!" mischt Oma Renate mit. „Da kommst du jetzt nicht rein in die Küche! Da hab ich frisch geputzt." Oma Jaja putzt aber auch zu komischen Zeiten, vor dem Frühstück, damit niemand mehr in die Küche kann.

Also warten Papa, Mama, Oma Renate. Aber dann holt Papa doch alles herbei. „Nur Honig!", will ich. „Hier ist ja der Löffel!", sagt Mama. Sie wundert sich, aber sie hat ihn doch selber in den Honig reingesteckt. Also raus mit dem Löffel, alles klebt, aber der Honig schmeckt ja so gut. Warum sind denn meine Hände so klebrig? „Oma Renate, putzen!". Ab auf die andere Seite des Tisches. „Hoch, Oma.". Da gibt es ja noch Kuhkäse und ein nasses Tuch zum Abputzen. „Nee, du bist ganz klebrig, ab in die Badewanne." Oh ja, Badespaß mit Oma Renate, da hat sich ja das Frühstück mit Honig gelohnt.

Oma Renate hat heute Papa gefragt, wie sie mit ihrem Laptop in Asprovalta ins Internet kommt. „Genau wie mit deinem IPad über den Hotspot." Oma Renate ist technisch gut ausgerüstet. IPad, IPhone, Laptop. Alles vorhanden. Aber sie vergisst doch immer wieder, wie man die Dinger zum Laufen bringt. Oma holt also erst mal alle drei Geräte herbei. Diese drei Dinger kann sie doch nicht alle auf einmal bedienen, da geh ich doch einfach mal hinter ihr her ins Schlafzimmer, „Eric, kannst du mal den Kleinen zehn Minuten nehmen? Muss mal kurz eine E-Mail schreiben." Mist, das klappt nicht.

Sirene hat bei Oma keinen Zweck, also Ärmchen hoch, auf Papas Arm. Der bringt mich auch brav ins Esszimmer.

Oma Jaja ist mit dem Klodeckel beschäftigt. An dem sitzt Rost. Papa hat zwar schon einen neuen besorgt, aber immer, wenn jemand schon etwas gemacht hat, kommt Oma Jaja und will doch lieber noch etwas anderes. Aber mit dem Klodeckel hat sie recht, der ist so stabil und hat so ein schönes Muster, da hat der neue Deckel aus Plastik, bei Lidl im Angebot für 14,70€ keine Chance. „Eric, kannst du mal diese Schrauben lösen?" Aha, Papa setzt mich ab. Die beiden sind schon mal beschäftigt. Mama liegt auf dem Sofa und macht Pause. Der Weg in Omas Schlafzimmer ist also frei. Da liegt ja auch schon das IPad. Oma sitzt auf dem Bett mit dem Laptop. „Oma, Bilder gucken?" „Ja, aber nur auf dem IPad und schön auf dem Bett liegen lassen." Prima, geschafft. Vorsichtig mit dem Fingerchen auf on, dann auf das Blumenbild und schon läuft das Ding. Wo ist denn nur der Film von meinem Geburtstag? Wischen, wischen, ach, da ist er ja. Vorsichtig auf den Pfeil tippen, ganz kurz zu Oma blicken und schon läuft alles. Geht doch. „Ilias, wo bist du?" Oh, Papa schaut um die Ecke, der wird mich doch jetzt nicht wieder weglocken. Oma grinst, „Alles o.k., er darf mit dem iPad Bilder anschauen. Aber schön vorsichtig." Ist das Ding schon wieder ausgegangen. Also nochmal von vorn. Ob ich noch mal schneller wische, dann springen die Bilder so schön? Mist, jetzt ist alles durcheinander, schnell wieder die on Taste drücken, Blumenbild, läuft. Nach zehn Minuten ist Oma fertig mit ihren Mails. „O.k. Ilias, jetzt bringen wir alles wieder weg." Ich nehme schon mal das IPad. Aber das will Oma gar nicht. Zweiter Versuch „Zusammen!" Das hilft bei Mama immer, wenn ich was tun will, z.B. allein mit dem Messer Brot schnei-den, was ich nicht soll. Erst machen wir es dann zusammen und dann schaffe ich es manchmal, es doch allein zu machen. Aber ich fürchte, bei Oma zieht das einfach nicht. Sie schnappt sich Computer, IPad und Handy. Ok, gebe ich eben auf. Ahh, da liegt dieses spitze Ding, der Schraubenzieher! Da hat sie nun ja keine Hand mehr frei!

Wunderbar!!!

Wunderbar. Strand ist angesagt. Alle sind fertig, nur Oma Vasso duscht noch schnell und ab geht's zum Strand. „Wo willst du liegen? Hier oder dort?" „Ich stell schon mal die Taschen auf die Liege.", meint Papa und stellt mich in den Sand. „Hier können wir alle zusammen liegen. Möchtet ihr Kaffee?" „Ich gehe lieber in den Schatten." Deutsch eben, Oma Renate verzieht sich. „Ist aber viel Wind heute, da werde ich lieber mein Strandkleid anlassen.", Oma Vasso ist kalt, griechisch eben. Bei 26° ist ihr kalt. Warm und kalt, ein ewig wiederkehrendes Thema in unserer Familie. „Wollt ihr Kaffee?" Der Strandmann mit dem Bestellbogen taucht auf. Das dauert, bis alle wissen, was sie wollen und auch noch bestellen. Egal - jedenfalls sind alle stark beschäftigt. Da werde ich doch erst mal die grüne Dose suchen, die mit den Keksen. Ah, da ist sie ja. Klick, auf ist sie. „Was hast du denn da?", fragt Papa. „Kekse, nur einen". Kekse sind eigentlich verboten, wegen der Zähne, nur wenn man hinterher anständig putzt, sind sie erlaubt. „O.k.". Lieber mal die Dose sichern. Einen Keks für die eine Hand, einen für die andere. „Wer will nun was bestellen?" Das scheint schwierig, der Bestellmann steht immer noch rum. „Cappuccino!" „Ich möchte lieber Cappuccino freddo." „Milchkaffee!". Oma Jaja übersetzt alles ins Griechische. Mama macht es sich bequem auf ihrer Liege. Jeder ist mit sich selbst beschäftigt. Warum hat nur wieder Oma Renate ein Auge auf mich? Sie lächelt, die Kekse schmecken prima. Nur noch drei sind übrig. „Wer hat dem Kind die Kekse gegeben?" Mama ist entsetzt. „Irgendwie wusste er, dass sie in deiner Tasche sind und hat genau aufgepasst, auf welcher Liege die Tasche landet", erwidert Oma Renate unschuldig. Sie schaut mich an, Sternchen in meinen Augen, ein Lachen in den ihren. Wunderbar.

Blase gezündet

Wir waren alle Mann am Strand: Oma Vasso, Mama, Papa, Oma Renate und ich. Wasser ist toll, aber die Oma Renate ist einfach zu ängstlich! Alle bis auf sie waren baden bis zu den Knien, ich natürlich bis zum Popo, bin ja mal gerade 95 Zentimeter hoch. Aber das wissen sie natürlich. Sagt sie doch zu Papa, ich müsste langsam wieder aus dem Wasser. Und Oma Jaja hat gerade heute Morgen erzählt, dass sie sich als Kind eine Blasenentzündung zugezogen hat, weil ihre Mama sie zu lange in der Ägäis gebadet hat. Oma Renate liebt die Ägäis, aber von Zu lange Baden hält sie nichts. Jedenfalls hat sie mich dann schön in ein Handtuch eingepackt, die Haare trocken gerubbelt und mir ganz viel Wärme gegeben. Bin gespannt, ob das hilft und die Blase nicht zündet?

Dann mussten wir leider nach Hause. Dabei hab ich doch so schön „Wasser-in-die-Flasche-und-auf-ein-Wasserrad-Kippen" mit Oma Jaja gespielt. Einmal gezeigt und schon hab ich sie immer wieder zum Wasser holen geschickt. Alle hatten so viel Spaß. Aber ich sollte Mittagsschlaf halten. Also ab ins Auto und eine extra Runde fahren. Klappt auch, aber nur, bis wir mit dem Auto zu Hause sind. Dann bin ich wieder wach. Also setzt mich Oma Renate in den Kinderwagen, und wir schieben los. Kein Bock zu schlafen. Aber Oma sagt: „Entweder zurücklehnen in den Schatten oder wir bleiben hier stehen!" Mitten im Nirgendwo in Griechenland, im Kinderwagen. Bei ihr hat Sirene keinen Zweck, also zurückgelehnt in den Schatten. Es hat ein bisschen gedauert, bis ich endlich eingeschlafen bin, weil die Hülle von dem Handy so interessant war; aber dann sind mir doch die Augen zugefallen und ich durfte draußen im Wagen liegen bleiben und wunderbar schlafen. Aber dann bin ich doch schon wieder aufgewacht, zum Glück war Oma Renate gleich da, Schnuller in den

Mund, tief in ihre Augen geschaut, noch müde, ab auf Omas Arm, in ihr Bett und auf ihrem Bauch in Fröschlistellung noch eine Stunde gepennt. Sie weiß einfach, was gut ist.

Rückreise

Irgendwann ist auch der schönste Griechenlandurlaub mal zu Ende. Alle Sachen werden ins Auto gepackt, noch etwas zum Frühstück an der Tanke gekauft und ab geht's in den Flieger. Ich kriege Ei zu essen, mag ich aber nicht. Lieber auf und ab im Flugzeug. Mama und Oma Vasso sitzen am Gang. So kann ich immer hin und her laufen. Aber ich soll schlafen, weil alle anderen auch schlafen wollen. Oma Renate schaut sich das eine Weile an. Dann sagt sie: „Wollen wir nach hinten? Da ist noch ein Platz am Fenster frei." O.k., sie setzt mich auf ihren Schoß. Wir schauen Flugzeugflügel, Wolken…. und schon schlafe ich, mit dem Kopf auf ihrem Herzen, sie ist eben eine Schlaftablette. Als ich aufwache, sind wir gerade in Frankfurt gelandet.

Papa hat mir ein neues Bett gebaut. Toll, eins wie für die Großen. Oma kann auf einem Höckerchen sitzen und ich kann ihr das gesamte Bilderbuch erzählen. Mama sagt zwar, dass Oma mir eine Geschichte vorlesen soll, aber wir machen es anders. Sie sitzt und ich erzähle: vom Laster, der eine Ladung Äpfel verloren hat, und dem Kran, der den Laster wieder aufrichtet. Von jemandem, der fotografiert, von der Feuerwehr, die Menschen aus einem brennenden Haus rettet. Oma meint: „Die springen in ein Sprungtuch", aber ich sage: „Oma, das ist doch ein Trampolin!". Ich kenne halt die schwierigsten Wörter. Das Trampolin hat mir Oma Vasso geschenkt. Ich kann ganz toll darin nach oben springen, drei, vier Mal und dann lasse ich mich auf den Po fallen. Oma Renate fasst mich an den Händchen und dreht mich auf dem Trampolin, sie erfindet aber auch immer etwas Neues. Dann war leider Zeit für Abendessen. Sitze ganz prima bei Tisch, verschütte nichts, kann alles alleine, Brot schneiden, Käse drauf schmieren, Oma staunt.

Und sie bringt mich ja nun ins Bett. Bin aber auch müde nach dem vielen Sport. Aber Omas Händchen muss ganz in meiner Nähe bleiben. Und dann sage ich: „Oma, Geschichte erzählen, vom Auto und vom Flugzeug!" Und Oma erzählt wahrhaftig die Geschichte, die damit beginnt, dass wir in Asprovalta vor einem halben Jahr alle zusammen zum Flughafen gefahren sind und sie mit mir auf dem Schoß zusammen eingeschlafen ist. Ich vergesse nichts – und Oma weiß sofort, was ich meine. Mit ihr einzuschlafen ist so schön. Verschränkung eben, funktioniert doch.

Oh, wir besuchen die Oma! Das wird ein Spaß. Wir sind direkt am Mittag losgefahren und waren dann um drei Uhr da. Erst hab ich es gar nicht begriffen, wo wir waren. Es gab erst mal Mittagessen. Ich hatte aber gar keinen Hunger. Oma und ich sind dann noch am Bach spazieren gegangen. Haben mit einem Stock im Wasser geplanscht und ich durfte Dreck reinwerfen. Sind mit dem alten Kinderwagen gefahren, das war schön, weil ich immer ein- und aussteigen konnte, wie ich wollte. Nachts hab ich dann bei Mama und Papa in Wohnung zwei geschlafen. Ich kann jetzt schon so viel sprechen! Ganze Sätze, manchmal verstehen die mich aber auch nicht, weil ich den Schnuller im Mund habe. „Scheiß Schnuller!", sagt Oma. Trotzdem versteht sie mich. Mein Lieblingssatz ist: „Oma, tommm!" Und dann machen wir irgendetwas. Sie lässt sich immer etwas einfallen. Manchmal mache ich auch etwas alleine. Wenn es ganz still ist, dann bin ich sehr beschäftigt, z.B. mit Omas Schreibtischschublade! Klettere auf ihren Stuhl und dann komme ich gut an dieses Ding. Da sind ja auch so viele Sachen drin, die man rausschmeißen kann. Oma schimpft nie. Am liebsten hab ich das Telefon von Oma. Ich weiß genau, welche Knöpfe ich drücken muss, um den Ansagedienst an- und auszuschalten. Aber dann ist mir doch ein großes Malheur passiert. Oma hatte noch eine Ansage mit der Stimme ihrer Mama. Leider hab ich versehentlich auf Löschen gedrückt und jetzt ist die Stimme weg. Ich drücke aber auch immer auf alle Knöpfe. Aber Oma hat nicht geschimpft. „Weg ist weg. Shit happens."

Ja, und irgendwann war es doch ganz stumm, das Telefon. Ja, und dann, als einmal das Telefon gar nichts mehr machte und nach einer Weile doch wieder funktionierte, meinte ich nur: „Geht wieder!" Ganze Sätze sind für mich nun wirklich kein Problem. „Karte auch runtergefallen, aufheben.". „Portmonee haben." Wenn Mama und Papa irgendwo hingehen, z.B. Pizza holen, sag ich nur „Tschüss!", mache kein Theater, Oma ist ja da.

Und dann waren wir schwimmen, das war toll, habe keine Angst. Spiele ganz lange mit dem Wasserstrahl. Das könnten wir öfter machen. Und bei Oma hab ich auch die restlichen Nächte geschlafen. Es gibt kein Problem mit dem Ins-Bett-Bringen, weil Oma immer sofort schläft und sich nicht mit mir unterhält. Dann muss ich eben auch schlafen. Aber ihre Hand halte ich ganz lange fest!! Und mittags kann ich auch immer gut schlafen, wenn mich Oma im Kinderwagen spazieren fährt. Drei Stunden lang – schlafen, nicht spazieren fahren. Und dann bin ich doch wach geworden! Wollte aber nur meinen Schnuller – danach auf Omas Bauch gelegen, im Fröschli-Modus und noch mal eine Stunde gepennt. Aber am letzten Tag hatte ich keine Lust. Mama und Papa waren zu Juliane gegangen, und Oma wollte mich in den Kinderwagen stecken. Aber da will ich nicht rein, besonders dann nicht, wenn Mama und Papa dabei sind; sonst klappt das ja ohne Probleme. Also hat Oma mich in den kleinen Kinderwagen gesteckt, und dann hab ich bei der Nachbarin den Garten entdeckt, da gab es Spielzeug, einen alten Rasenmäher; war natürlich nichts mit Ins-Bett-Gehen. Als Oma mich endlich losgeeist hat, wollte sie mir Reis mit Möhren andrehen, aber ich wollte Nudeln. Hab natürlich meinen Willen durchgesetzt. Aber mit Schlafen war nichts. Letztendlich haben mich Mama und Oma ins Auto gesetzt – da schlafe ich natürlich sofort. Ja, das Leben ist schön und ich liebe Mama, Papa und Oma ganz doll. Drücke sie immer ganz feste, einfach so. Und schlafen kann ich in Willingen auch immer am besten. Oma ist wie eine Schlaftablette.

Oma hat mir ein Dreirad geschenkt, mit Schüppe und Stiel zum Schieben für Oma. So wie man es auf Norderney benutzt. „Jetzt bist du alt genug dafür", meint sie. Oma und ich fahren los. Füße auf die Pedale, Hände an den Lenker, Schnuller im Mund. Ab geht's zum Spielplatz. Mama sagt noch: „Das Fahren mit dem Ding bedeutet nur Stress, es funktioniert nicht mit ihm!" Aber Oma lacht nur und wir fahren los. Oma: „Geradeaus!" Schon stehe ich wieder vor einer Mauer. Oma: „Lenken!" Ich lenke in die richtige Richtung, beinahe auf die Straße Oma: „Lenken, geradeaus!" Bei Omas Ton tue ich lieber sofort, was sie sagt. Außerdem komme ich sonst nie zum Spielplatz. So ist das: Oma sagt, was zu tun ist, und ich tue es! Haben einen Heidenspaß. Ist ja auch so lustig. Oma lobt auch: „Prima!" Ich: „Prima!" Oma: „Fantastisch!" ich: „Fantastisch!" Das Wort kenne ich ja noch gar nicht. Aber hört sich gut an. „Fantastisch!", tolles Wort, ich liebe es und Oma ist glücklich. Aha, da sind wir ja schon. Oma ist stolz, Anreise ohne Probleme geschafft. Wieso sind die anderen Kinder alle an ihren Kinderwagen geschnallt und sitzen brav wie die Ölgötzen? Da sitze ich doch lieber wie Easyrider auf einer Harley, meint Oma. Diesen Zusammenhang verstehe ich zwar nicht, aber Oma wird schon wissen, was sie denkt. Ich jedenfalls fühle mich absolut toll auf diesem Ding und weiß gar nicht, warum alle Leute plötzlich ein Lächeln in ihrem Gesicht haben, wenn sie an Oma und mir vorbeigehen. Der Ton von Oma bei „lenken", „geradeaus!" lässt ja auch wirklich keinen Widerspruch zu, aber klingt doch irgendwie sehr liebevoll. Ich wäre ja gern noch auf dem Spielplatz geblieben, aber Oma meint, zweieinhalb Stunden seien genug. Und so geht's ab, kurz noch halten und balancieren auf dem Bordstein, dann zügig heim. Es beginnt zu regnen. „Lenken", „geradeaus", „fantastisch". Wo ist da Stress? Ach, war das toll!

Mama meint wir sollten noch etwas draußen spielen, weil so gutes Wetter ist und sie noch schnell etwas einkaufen will. Also gut. Nochmal anziehen, Schuhe, Jacke, Mütze, Mama ist immer sehr vorsichtig, und ab nach draußen. Oma will unbedingt im Laub spazieren. Das kenne ich doch gar nicht, macht viel zu viel Krach. Lieber Laub über den Zaum werfen. Ah, da kommt ein Auto. Das sind unsere Nachbarn. Ich winke, laufe hinter dem Auto her. Sie winken beim Aussteigen zurück. Aber lieber noch mehr Laub über den Zaun werfen. „Wo war ich denn?" Ich wundere mich, weil ich eben woanders war. Oma staunt. Entwicklung eines Bewusstseins und dies auch noch in Worten ausdrücken, das kennt sie noch nicht. Egal, ich laufe zu der Stelle, an der ich eben war. Jetzt bin ich zufrieden.

Ausblick

Vielleicht fragen Sie sich, warum die physikalischen Themen Verschränkung und spukhafte Fernwirkung in ein Buch mit lauter kleinen Geschichten eingewebt wurden. Ich bin mir sicher, dass Sie in Ihrem Leben solche völligen Übereinstimmungen mit anderen Menschen schon erlebt haben. Es gab sicherlich Situationen, in denen Sie und eine andere Person genau dieselben Ideen gehabt haben, genau dasselbe gedacht haben oder auch gerade den Telefonhörer aufgenommen haben, um jemanden anzurufen, der gerade bei Ihnen anklingelt. Oft werden solche Erfahrungen auf die esoterische Ebene geschoben oder von manchen Personen als Spinnereien abgetan.

Doch es gibt die oben erläuterten physikalische Grundlagen, die zu einer Erklärung herangezogen werden können. Noch ist man nicht so weit, dass man diese Phänomene messen kann. Ich fürchte aber auch, dass sie sich nicht messen lassen, weil der Mensch ein viel zu komplexes Wesen ist und diese Phänomene sich nur schwer isolieren lassen. Doch die Wissenschaft versucht es. Der ehemalige Arzt des Bundesligavereins Bayern München und der Deutschen Nationalmannschaft, Müller-Wohlfahrt, hat diese Phänomene oftmals bei seiner Diagnose bei Verletzungen genutzt, so seine eigenen Aussagen, und ist dabei, diese in einer Forschungsgruppe näher zu untersuchen.

Also trauen Sie Ihren Eingebungen, Ihren Erfahrungen und den „spukhaften Fernwirkungen" und genießen Sie sie.

Renate Schinze, Schwanberg, im August 2021

Dank

Danken möchte ich im Besonderen meiner Freundin Ursula Kessel, die mit ihrer unendlichen Genauigkeit und Ruhe alle meine chaotischen Aufzeichnungen in die jetzt vorliegende Form eines Buches gebracht hat.

Meine Unschärfe (die Heisenbergsche Unschärferelation) und ihre Lokalität, beide Weltbilder sind in unseren Charakteren angelegt. Erstaunlicherweise gibt es aber auch die genau umgekehrte Verteilung. In jedem Fall ist es ein UND. Alles ist miteinander verbunden.

Danken möchte ich auch einer weiteren Freundin, Sigrid Marggraf-Middelberg, die die deutsche Rechtschreibung perfekt beherrscht und all die „kleinen" Fehler korrigiert hat.

Literatur

Ich empfehle Ihnen die folgende Literatur, die ich für dieses Buch verwendet habe:

Werner Heisenberg, - Physik und Philosophie - , HIRZEL Verlag, Stuttgart

Werner Heisenberg, - Der Teil und das Ganze -, dtv, München

Plotin, Ausgewählte Schriften, Reclam Verlag, Stuttgart

Markolf Niemz, Lucy mit c, Edition BoD, Norderstedt

Musik und Philosophie

Dire Straits: Brothers in Arms, Nr. 5: Why worry (Akustisch: Welle und Korpuskel)

Renate Schinze Jahrgang 1950, lebt in Maintal. Sie hat in Gießen, Köln (Deutsche Sporthochschule - DSH) und als Stipendiatin der DSH in Cortland USA Sport, Physik und Pädagogik studiert. Zusammen mit Ihrem Mann, Oswald Schinze, hat sie das Skiinternat in Willingen /Hessen gegründet. Sie war 1986 die Initiatorin des Frauenbiathlon in Deutschland und erste Bundestrainerin in dieser Sportart. Mit ihrer Nationalmannschaft hat sie zahlreiche Weltmeistertitel und Olympiamedaillen errungen. Die Meditation über das Phänomen Licht hat ihr den Einstieg in die griechische Philosophie und die Quantenphysik ermöglicht.